JN081462

ハンナ・アーレント、
あるいは政治的思考の場所

矢野久美子

みすず書房

ハンナ・アーレント、あるいは政治的思考の場所＊目次

序　論

「過去の虜にも、未来の虜にもならぬこと。まったく現在的であることが重要である」。

カール・ヤスパースのこの言葉をエピグラフにかかげながら、ハンナ・アーレントは、一九四〇年代の思考の結晶である『全体主義の起原』(一九五一年)を、ハインリッヒ・ブリュッヒャーに捧げている(1)。

ヤスパースとアーレントの出会いは、ハイデルベルク大学教授であったヤスパースが、一九二六年にマールブルク大学のマルティン・ハイデガーから、アーレントの指導をひきついだことに始まった。二人の接触は、亡命と戦争によって一時とだえたこともあったが、一九四五年の秋にたがいの生存を確認しあったのち、深い精神的交流が再開された。他方、ブリュッヒャーとアーレントは一九三六年にパリの亡命生活のなかで出会っていた。かれは、その後アーレントの二度目の伴侶となる。

アーレントは、ヤスパースにあてた戦後最初の手紙のなかで、「アメリカに来てから、つまり一九四一年から、わたしはある種のフリーの著述家、いわば歴史家と政治記者のあいだのようなものになりました」(2)と書いている。また、一九四六年一月二九日付の手紙では、「たんなる生活人には解消されない、いいかえれば文筆家としてのわたしの存在は、わたしが夫のおかげで政治的に考え、歴史的に見ることを学んだということ、そして他方では、歴史的にも政治的にもユダヤ人問題の観点から対応することをやめなかったことにもとづいています」と述べている(3)。以後ヤスパースは、長年にわたる書簡でのやりとりや再会時の語りあい、そしてなによりもアーレントの著作をとおして、かつての学生が伴侶とのあいだでつちかい、アメリカにおける著述活動のなかでわがものとした「政治的思考」と「歴史的認識」との特有な相互触発の目撃者になる。

たとえば、ヤスパースは『全体主義の起原』のドイツ語版（一九五五年）序文で書いている。この書は歴史的認識を追求するだけではない、その認識とのかかわりにおいて生まれる政治的な思考は、現代の混沌と倦怠のなかで、人間であることの申し立てをなおも可能にする、と(4)。まずはヤスパースの評価をそのままうけいれるなら、その書とともに考えることで得られる洞察によって、哲学的な思考が政治的現実のなかで判断力をもつ。また、その認識においては、歴史的な因果関係となりうるような意味連関も、けっして変更不可能なものとはみなされない。じっさいにもヤスパースは書いている。「歴史における因果律となるように、あるいはなりうるように構成された意味連関は、まったく動かせないものとしては考えられていない。なぜならそれらはひとたび認識されたなら、改訂されうるからである。人間がどうなるかは人間にかかっているのであって、暗い宿命にかかっているのではない」。洞察が政治的な思考を明晰にし、思考をあらたなものにするからこそ本書は書かれた、とヤスパースは評価する。さらには、そこにつらぬかれている「真実追求の精神」は、完全な認識が不可能であることを承知しながらも現実的な認識を得ようと活動しており、人間の尊厳につかえ、人間と「世界への愛」によって結びあわされている、と賞賛する。ただし、ヤスパースは的確にもつぎのように書きそえることを忘れなかった。「この愛情ある理性的人間の生活の跡は、本書においてはものの考え方全般のなかにしか見いだされない。すべては冷徹に、客観的な筆致で叙述されている」と。

一九八二年にエリザベス・ヤング゠ブルーエルによる伝記(5)『ハンナ・アーレント――世界への愛のために』が公刊されるまで、アーレントの生涯についてはほとんど知られていなかった。アーレントは「物語る」ことを好んだが(6)、そこで語られたのはけっして彼女自身の物語ではなかった。一九七五年のアーレントの死にさいして集い、彼女への情愛にみちた追悼の言葉を語った親しい友人たちですら、彼女の伝記的事実については断片的にしか知らなかった。「愛情ある理性的人間」と「冷徹で客観的な」論述のあいだの不均衡は、かれらにもかなりのとまどいを惹き起こしたことだろう。また、アーレントの思考が独立独歩のものであったことは、同時代の知識人にとって、いかなる位置づけをも困難にするものだったにちがいない。メアリー・マッカーシーやハンス・モーゲンソー、ハンス・ヨナスなどの友人たちも参加した、アーレントをかこむ晩年のシンポジウムにおいて、アーレントは当の友人たちからさえ「あなたは何者か」と問いかけられているのである。(7) ヤング゠ブルーエルの伝記によってはじめて、アーレントのユダヤ人としての活動や人的交流関係を思想史的に問うことが可能となり、アーレントの生と思想のさまざまな側面が浮き彫りにされるようになった。

また、ヤング゠ブルーエルの伝記をつうじて次第にその重要性が論じられるようになったアーレントの遺稿、すなわち膨大なエッセイや書簡の編集や整理は、一九八〇年代後半から飛躍的にすめられた。(8) 今日では、書簡集だけでも、カール・ヤスパース、メアリー・マッカーシー、(9) マルティン・ハイデガー、(10) ハインリッヒ・ブリュッヒャー、(11) クルト・ブルーメンフェルト、(12) ヘルマン・ブロッホ(13)との書簡が、それぞれ整理を経て公刊されている。ゲルショーム・ショーレムとの書簡も、ショーレム側の書簡集に一部が収録された。(14)* さらには、インタヴューや講演の録音テープ、(15) アーレントが付けていた「思索日記」や出版にいたらなかった「政治学入門」の草稿などの遺稿もまとめられている。(16)

ところで、ヤング゠ブルーエルは、伝記作者としてつぎのように述べている。「描きだされねばならないのは、彼女が理論化したものの歴史的基盤、彼女の思想をつくりだしたもろもろの特別な経験、彼女を養い育てたもろもろの交友と愛、そして――できれば――彼女の思考方法ないし思考スタイルである」と。[17] さらに、「思考の場」は「思考する自我」と同様、容易には入りこめないものであるが、「思考の方式のようなものは、公刊された著作からだけでなく、会話の状況や書簡からも十分にとらえることができる」と。ヤング＝ブルーエルは、こうした「哲学的伝記」こそが、「世界への愛」という態度をつらぬいたアーレントの物語にふさわしい叙述形式であると考え、膨大な資料と情報を織りあげて、アーレントの「生の痕跡」をわたしたちに贈ってくれたのであった。

本書『ハンナ・アーレント、あるいは政治的思考の場所』は、このヤング＝ブルーエルの仕事や、書簡集や遺稿集の公刊がなければ、まったくその端緒にすら到達していなかっただろう。しかし、わたしのめざすところは、ヤング＝ブルーエルと同様の「哲学的伝記」という作業を反復したり補強したりすることではない。ヤング＝ブルーエルは「思考の場」には容易には入りこめないとあらかじめ断じていたが、本書では、アーレントが晩年の「思考論」で残したような哲学的思考の所在を問うことはしない。むしろ、さきに引いた一九四六年の手紙のなかでアーレントが「学んだ」と語り、そして書くことにおいて遂行しつづけた「政治的思考」に的をしぼっている。そうすることによって、アーレントの残したもろもろのテクストが、それの成立する「場」をあらわにするのではないかと期待するからである。

管見では、アーレントは、一九四〇年代につちかった「政治的思考」を晩年にいたるまで維持しつづけた。それは、「二五年の歳月の思いをこめて」ハインリッヒ・ブリュッヒャーに捧げられたもうひとつの書が、「政治的思考の試論[18]」とよばれた『過去と未来のあいだ』（第一版は一九六一年）であったことからも推測できる。

その書の序文「過去と未来のあいだの裂け目」のなかで、アーレントは、「われわれの遺産は遺言ひとつなく残された」というルネ・シャールの言葉と、アレクシス・ド・トクヴィルの「過去がその光を未来に投げかけるのを止めたので、ひとびとの精神は暗がりのなかをさまよっている」という言葉をかかげている。このふたつの引用が物語っているのは、もはや現代において、拠り所とすべき伝統や基準は存在しないという自覚である。アーレントにとって、このことは現代において思考する者の回避できない条件である。「現在では、思考とリアリティの分離がもたらす窮状をまえもって承認しておくことすら、ありふれたことになっている[19]」。

アーレントはこうした思考とリアリティの窮状を唯一正確に描いた実例として、フランツ・カフカの寓話『かれ』を挙げた。「かれ」は、過去と未来というふたつの敵の狭間にいる。第一の敵は起源から「かれ」を圧迫し、未来へとおし進めようとする。第二の敵は前に立ちふさがって、「かれ」を過去へとおし戻そうとする。「かれ」は、敵たちが油断している隙になんとか戦線から超越して、「かれ」自身が審判者となることを夢見ている。アーレントは、この寓話を、出来事が言葉にされる直前に遂行される精神の戦いとして解釈している。現代においては、「思考」は出来事に結びつかず、現実との具体的な関連を失い、いわば「真理の焼きなおし」になっている。時代精神のこうしたあり方にたいして、アーレントは警告しつづけた。出来事は、もしもそれを把握する言葉がないのであれば、リアリティではなく、たんなる幻覚になってしまう。あるいは、人間の精神は過去と未来のあいだの裂け目で「力尽きて死ぬ」かもしれない。そのとき、人間はみずからの運命を「暗い宿命」にゆだねざるをえないという危機にさらされるのである。この危機に屈してはならない。「ユダヤ人」としてナチズムを体験し、一八年間の無国籍生活をおくり、「ユダヤ人の政治」と「ガス室」とのあいだで思考しなければならなかったとき、アーレントがなによりも渇望したものこそ、過去と未来のあいだでリアリティを獲得し、出来事を意味づけていく言葉だったのではないだろうか。

アルフレッド・ケイジンは、「荒涼とした不潔な」モーニングサイド公園に面したアーレント夫妻の暗いアパートの玄関には、学生時代のカフカの大きな写真が飾ってあったと書いている[20]。これは夫妻のアメリカでの亡命生活にかんするひとつの証言である。ケイジンは情熱をこめて、そのアパートの部屋でアーレントとブリュッヒャーがいかに倦むことなく「考えつづけたか」、「議論しつづけたか」を伝えている。「彼女は隔絶（ギャップ）に、無に、「現代人」の「極限状況」に対峙している」[21]。部屋では「偉大な思想」が語られ、ギリシア語の引用句はキャンディやワインとならぶ「もてなし」

のひとつであったが、そうした古典から呼びだされてくる断片は、すでに「崩壊した」伝統でもあった。「伝統との訣別」という言葉を、アーレントはくりかえし口にしたという。

本書の構成について述べておこう。第一章では、こうした「伝統の崩壊」と「断絶」の経験のなかで、亡命知識人アーレントがどこに真実をもとめ、リアリティを見いだそうとしたのかという問題を考察する。当時、「歴史家と政治記者のあいだのような」著述活動をおこなっていた彼女が、いかなる「語り方」をスタイルとして獲得していったのかについては、これまでほとんど注目されてこなかった。しかし、これこそは「政治的思考」が始まるきわめて重要な現場の消息である。亡命知識人としてのアーレントのアウトサイダー性は、もっぱら「ヨーロッパ的教養」と「ドイツ・ユダヤ女性」としての経験に帰されることが多かったが、より具体的な文脈のなかで強いられた彼女の位置やスタイルを度外視しては、アーレントの思考を古い鋳型にはめ込んでしまうことになる。本章は、そうした旧来のアーレント像を解体する企てでもある。

ついで第二章では、「全体主義」という出来事との格闘のなかから、アーレントが独自の政治概念を生みだしていく過程を探ろうと試みた。『全体主義の起原』で表明された問題意識とアーレントの政治思想の鍵概念である《現われ》とは、どのような連関をもつのか、またアーレントはどの地点で、「政治は複数の人間の《あいだ》に成立する」という特有の思想を表明したのかを精査してみたい。そのさいわたしの読解の中心となる資料は、アーレントが一九五〇年に付けていた「思索日記」である。アーレントは当時、「根源悪」の問題と、西欧の哲学的伝統が「人間の複数性を包括する概念」をもたなかったこととのかかわりに、思索を集中させていた。このことは伝記的にも裏づけることができる。そのときアーレントは、人間の「複数性」の「保証」をどこに求めることになったのだろうか。

一転して第三章では、「アイヒマン論争」の発端を四〇年代のアーレントのテクストに遡って見ていくことによって、「政治的思考」のもうひとつの「始まり」を位置づけようとしている。とりわけ、ユダヤ神秘主義の権威であり、友人でもあったゲルショーム・ショーレムとのやりとりに焦点をあてた。この問題にたいする二人の姿勢の違いは、アーレントの思考のありかを浮き彫りにすることにもなるだろう。「全体主義」を語る方法を模索するなかで、アーレントが対峙していたのは、その出来事そのものの恐ろしさだけではなかった。アーレントはその一方で、ユダヤ人共同体の「語り」とも向きあわなければならなかったのである。全世界のユダヤ人共同体から糾弾され、ユダヤ人の友人をほとんどすべて失うという多大な犠牲をはらってまでアーレントがつらぬこうとしたものは、いったい何だったのか。

さらに第四章は、晩年のアーレントがある局面でもちいた「風のなかの木の葉のように自由である」という自己表現の比喩に示唆をうけながら、彼女が「世界」にたいしてとった思考の「身ぶり」とでもいうべきものを、あらためて塑像しようと試みた。いいかえれば、下手をするといかにも陳腐に見えかねない寓意的表現のなかに、アーレントのいかなる思考が凝縮されているのかを、具体的に解読してみた。晩年になってアーレントが、「政治的なもの」から「精神の生活」へと考察の場を移したと解釈する論者は多い。本章はそうした解釈について反駁する意図で書かれたわけではない。しかし、わたしとしては、そのような解釈が前提とする発展史とは別の角度から、アーレントにおける思考の一貫性を提示できると考えている。

いずれの章においても、わたしがつねに念頭においている目的意識とは、アーレントの言葉のありか、「政治的思考」の現場を、いかに精密に、しかもその息づかいを見失うことなく跡づけることができるのかという一点である。そのさい、アーレントの生前に公刊された著作と、書簡などの遺稿とを同等の重さをもつものとみなしている。また、特殊な場合をのぞいては、同じ著作であっても、アーレントがドイツ語で書いたものと英語で書いたものとを同等の資格においてあつかっている。そうした視線からこれらのテクストを見ていくとき、アーレントの言葉はどれも、始まりと終わりをもつ一貫したテクスチュアではなく、さまざまな襞をもつ多面体であったり、断片であったりする。また、本書はそうした言葉において浮かびあがるアーレントの思考の「身ぶり」を、なにか背後にあって現前してくるような「思想」に還元しようともしなかった。テクストの襞に沿って歩むことは、まさに「手すり」なしに階段を上り下りするような賭けでもある。しかしまた、そうした緊張感なくしては、本書の主題そのものが成り立たない。「表層」にとどまることの学術的有効性をここで論じる余裕も意欲もわたしにはないが、せめて、ヴィーコの『自伝』に『新しい学』を適用することと、その逆とを等しく妥当なものだと考えたエドワード・サイードの『始まり』[22]に励ましを得て、本書を始めたいと思う。アーレントのつぎの言葉も、こうした企てを後押ししてくれていることを期待しながら。

思考の活動が描く曲線は、円が中心に結びつけられているように、出来事に結びついていなければならない。そして、この不可思議な人間の活動からひとが正当に期待しうる獲得物は、定義でも理論でもない。そうではなく、むしろゆっくりとした重い足取りの発見であり、おそらくは、出来事がほんの束の間だけ完全に浮かびあがらせる領域の測量地図である。[23]

＊ 二刷にあたり、その後刊行されたものを列挙しておく。(二〇一四年)

Hannah Arendt-Uwe Johnson Der Briefwechsel, (Hg.) Eberhard Fahlke und Thomas Wild, Suhrkamp 2004.

Arendt und Benjamin : Texte, Briefe, Dokumente, (Hg.) Detlev Schöttker und Erdmut Wiyisla, Suhrkamp 2006.

Hannah Arendt Gershom Scholem Der Briefwechsel, (Hg.) Marie Luise Knott, unter Mitarbeit von David Heredia, Jüdischer Verlag, 2010.

Wahrheit gibt es nur zu zweien Briefe an die Freunde, (Hg.) Ingeborg Nordmann, Piper 2013.

第一章　亡命知識人アーレント

1　アーレントの不在と存在

ギゼラ・ダクスは、一九九九年八月一九日号の『ディ・ツァイト』紙に掲載された論考「イェルサレムのハンナ・アーレント」で、今日のイスラエル社会におけるアーレント思想の受容状況について分析している。それによれば、数年前からイスラエル社会においても、アーレントをめぐって新しい傾向が顕著になり、さまざまな議論がなされるようになった。[1]

一九六一年の裁判における法廷のガラス越しのナチ戦犯アドルフ・アイヒマンの姿は、それ以後のイスラエルの集合的記憶にとって、「ショアー」の象徴でありつづけてきた。それにたいして、アーレントは、彼女が書いたルポルタージュ『イェルサレムのアイヒマン』（一九六三年）[2]とともに、同じ長い年月、イスラエルにおいては否認されてきた。「悪の凡庸さ」という副題をもつアーレントのその書は、ショアーの悪を過小評価した作品として、また、ユダヤ評議会への批判によって「反セム主義」を扇動してしまうものとして、さらにはその「語り口」が犠牲者をないがしろにし、生き残りのひとびとを傷つける暴力的なものであるとして、ユダヤ人言論界に未曾有の憤激をよびおこしたからである。非難や反撃の嵐のなかでアーレントはひたすら沈黙をまもっていたが、唯一の例外的な反応が、長年の友人であったイスラエルの碩学ゲルショーム・ショーレムとの往復書簡を公開したことであった。(3) そのとき、「ユダヤ人への愛」があるのかと問うショーレムの詰問にたいして、アーレントは、集団としてのユダヤ人への愛をきっぱりと否定する。この問題については第三章で詳しく述べるが、それを最後の言葉として、彼女はイスラエルにおいて、ジョージ・オーウェルの言葉にいう「アンパースン」(不在者)とされたのであった。

ところが、その『イェルサレムのアイヒマン』が、いま四〇年近くの歳月を経て、ヘブライ語に訳された。これはまた、ヘブライ語で読めるアーレントの最初の著書でもある。おりしも、数百時間におよぶアイヒマン裁判の記録映像を編集した、エイアル・シヴァンとロニー・ブローマンの映画『スペシャリスト』が、話題になったばかりであった。(4) シヴァンとブローマンは、アーレントの『イェルサレムのアイヒマン』に刺激をうけ、なかば消息不明であった裁判のオリジナル・テープを発掘し、アーレントの提起した問題の真実性を、あらたなかたちで提示したのである。一九九九年のベルリン国際映画祭の招待作品でもあるこのフランス映画は、イスラエルでもテレビ放映されたという。アイヒマン裁判のさまざまな問題性を、アーレントの主張に示唆を得ながら明示化したこの映画は、イスラエルの多くのひとびとにとってなおも不快な感情を喚起した。「そうした理由で、他所ではすでに以前から起こっていたハンナ・アーレントについての議論が、イスラエルでもなされるようになった」⑤と、ダクスは述べる。

ヘブライ語訳がなかったからといって、イスラエルの知識人たちがアーレントを無視することができたわけではない。ダン・ディネー⑥やエトナ・ブロッケ⑦、トム・セゲーフ⑧たちは、イスラエルにあって積極的にアーレントの思想を論じてきた。ただし、『イェルサレムのアイヒマン』にかぎっていえば、セゲーフをのぞくほとんどの研究者がその書の「あやまち」をいまでも指摘しつづけている。しかし他方では、研究者たちの世代交代によってアーレントをめぐる評価が変化している。ダクスは、「アーレントがもはやタブーではないということは、〔イスラエルにおける〕歴史解釈が多元的になってきたことによる」という。あるいはこうした展開から、アーレントが好んでつかった「敗者」の「死後の名声」という言葉を想起することもできるだろう。

ところで、亡命知識人としてのアーレントに焦点をしぼって考えようとする本章にとって重要なのは、彼女のこの書への攻撃の大部分が、イスラエルからではなく、ほかならぬニューヨークの知識人たちによってなされたという事実である。いいかえれば、この書に、つまり当時のアーレントにもっとも激怒したのは、アメリカのユダヤ人「エスタブリッシュメント」であった。

ひとくちにアメリカのユダヤ人社会といっても、非常に複雑な構造をもっていた。くわえて、ユダヤ系ならではの特徴だけでなく、他の移民グループと共通するような事情もかかえていただろう。つまり、移住した時期や出身地域、二世・三世といった世代、あるいはアメリカ国籍を有するかそれとも難民であるかによって、習慣やメンタリティ、故国やアメリカ合衆国にたいするかかわり方が異なっていた。とりわけ、第二次世界大戦をはさんで、移民社会の世論はおのずから大きく変貌せざるをえなかった。

アーレントが合衆国に入国したのは一九四一年であった。彼女は一九四〇年代前半に、ナチス・ドイツから逃れてきた亡命ユダヤ人として、アメリカの参戦前後のヨーロッパ系の移民集団の動きを、観察できたことになる。そうした身ぶりを端的に語っているもののひとつが、アーレントが一九四四年の秋に『シカゴ・ジューイッシュ・フォーラム』に書いた「われわれの外国語使用集団」というエッセイである。(9) その原稿をふくむ遺稿「外国語の新聞における国外事情」(10) のなかで、アーレントはポーランド系、イタリア系、リトアニア系、ハンガリー系、チェコ系、スロヴァキア系、フィンランド系、ドイツ系などの諸新聞を比較分析しながら、ユダヤ系移民の特徴を考察しようとした。

移民グループの世論は、故国への心情とアメリカ合衆国にたいする忠誠心の表明のあいだでゆれ動き、たいていは一貫性を欠いていた。そうした動揺は、反ファシストの亡命者やユダヤ人の無国籍者にとってはつねに情況を不利にするものであった。アーレントがヒトラーにたいする「ユダヤ軍」の創設をうったえたのは、このようなほとんど絶望的な状況のなかでのことだった。また、アーレントがこの時期、ユダヤ人にかぎらずさまざまな移民グループの政治的な意思形成のあり方を観察したことが、彼女のシオニズム分析やイスラエル批判に厚みをあたえ、彼女にアメリカ革命の政治的意味を考察させる導因となったと考えられる。アメリカのユダヤ人社会内部でも、ヨーロッパにおけるユダヤ人の組織的大量殺戮がたしかな情報として届けられるまでは、孤立主義をとなえて人種主義を容認する「アメリカ・ファースト」に同化する者もいれば、「世界の良心」の一員としてヨーロッパのユダヤ人の救出を叫んだ者もいるというように、じつにさまざまな態度があらわれていた。しかし、大戦後、ショアーという出来事を目の前につきつけられたことで、かれらの心情には犠牲者への極端な同一化が起きる。これが、アーレントにたいする異口同音の攻撃を生みだしたような、一枚岩的な言説状況をもたらしたのである。

アーレントより二〇歳ほど年少で、ユダヤ人の両親とともに東欧からアメリカへ避難した経験をもつ政治学者ジュディス・シュクラーは、「パーリア」であり「最後のドイツ系ユダヤ女性」であったアーレントが、アメリカの一般のユダヤ人からはかけ離れた精神生活をおくったこと、アイヒマン裁判の報告がマンハッタンの真っ只中の「文化的真空」から発信されたということに注意をうながしている。(11) また、ロシア系ユダヤ移民の二世である文芸批評家アルフレッド・ケイジンも、

「彼女がウエストサイドにいることはリア王が荒野にいるのと似ていた」と書いた[12]。彼女にとっての「王国」すなわち西欧哲学の「伝統」は分断され、「分裂がいまや彼女の生となった」。ケイジンは親しい友人として、シュクラーは後進の研究者として、ともに生前のアーレントの姿を知っている。もちろんこれらの形容詞は、さまざまなアーレント像のなかの数例にすぎない。しかし、これにかぎらず多くの証言がつねに伝えているのが、ドイツ的「教養」を体現し、戦後のアメリカ社会に暮らしながら、ドイツ系ユダヤ人の運命とナチズムの問題に対峙しつづけた孤高の「パーリア」としてのアーレント、すなわちアウトサイダー知識人としてのアーレントという形象であった。

知的生活においてはエリート性が突出しており、それによって多くの批判をあびながらも、アーレントにはひとびとを魅せずにはおかないある存在感があったのだと思う。亡命知識人としてのアーレントの思想が論じられるとき、『人間の条件』にその学殖が惜しみなくそそぎこまれているドイツ的「教養」の「権化」は、「ニーチェの後継者」の「記念碑的歴史」（シュクラー）の支持者とうけとられたり、ハイデガーの弟子の「政治的実存主義」（マーティン・ジェイ）体現者とみなされることが多かった。たしかにそういった一面は否定できない。これらの肖像にはそれぞれに一定の正当性を認めうるだろう。

しかし、注意する必要がある。もしもこうした解釈ばかりが前景にでてくるならば、彼女の思想のもつアウトサイダー性は、結局のところヨーロッパの哲学的伝統という出自に帰結することになってしまわないだろうか。たしかに数々の証言者にとって、アーレントという存在はまさに強烈なヨーロッパ性という印象をあたえたようである。とりわけ戦後のアーレントからのみ影響をうけたアメリカの知性たちにとっては、彼女自身が「ヨーロッパ」であった。だからこそ逆に、そのアウトサイダーとしてのアーレントの政治的思考のありようにかんして、ほかならぬかれらにとっても、いままで気づかれないできた点があるのではないだろうか。

そこで、まずはシュクラーを導き手としながら「最後のドイツ・ユダヤ女性」としてのアーレント像を確認してみよう。つぎに、「亡命経験」とアーレントの「語り口」について、一九四三年のエッセイ「われら亡命者たち」を糸口に検討してみよう。それらのテクストをとおして、戦後のニューヨークの知識人社会、あるいは文壇としての「アメリカ」で特異な位置を占めるようになった、アーレントの「文化的真空」が素描できるはずである。

2　最後のドイツ系ユダヤ人

ジュディス・シュクラーは、エリザベス・ヤング＝ブルーエルによるアーレントの伝記が公刊されたさいに、「パーリアとしてのハンナ・アーレント」と題した書評論文を『パルティザン・レヴュー』誌に書いた。(13) それ以前のアーレント論ではニーチェ的な「記念碑的歴史」の語り手としての側面を強調していたシュクラーが[14]、ここではじめてユダヤ人としてのアーレントに光をあてている。ドイツ文化のなかで生活した最初の世代のユダヤ女性、ラーエル・ファルンハーゲンをつうじて、ドイツ・ユダヤ女性としての生き方を考察したアーレントを、アメリカでその系譜をひきついだ「最後の」ドイツ・ユダヤ女性とみなす、という構図である。

アーレントはナチス・ドイツから脱出するまえに、一八世紀末から一九世紀初めに生きたユダヤ・ドイツ女性、ラーエル・ファルンハーゲンの伝記に着手していた。[15]ラーエルは、プロイセンの第一世代の解放ユダヤ人に属し、「文芸的公共性」（ハーバーマス）が実現される場としてのサロンの担い手であった。しかし、それだけではない。彼女は、「世界に独りとり残された存在」としてのユダヤ女性の生をも体験していたのである。社会的地位や職業にかかわりなく、会話やふるまい、あるいは「教養」によってひとびとが対等に交わることができたというラーエルのサロンは、ラーエルにとって世界のなかで生きるための「足場」であった。しかし、歳月のうちにサロンが閉じられ、ふたたび世界から見棄てられたユダヤ女性としての生に投げかえされたとき、ラーエルは「恥辱」としてしるしづけられたユダヤ性からぬけだすために、洗礼や結婚によってドイツ社会に同化しようと苦闘する。アーレントは、ラーエルのこのような必死の同化の試みを「成り上がり者」のそれとして痛烈に批判している。その一方で、ラーエルが晩年に選びとった「パーリア」の姿勢、すなわち制度外的存在としてのユダヤ性を受容し、社会の外に立つ認識主体として生きようとする姿勢を積極的に評価したのであった。

シュクラーが注目するのは、このようにドイツのユダヤ人の生き方を考察するなかで得た「成り上がり者」と「パーリア」という両概念に、アーレントが生涯こだわったということである。この極端な二類型は、「ドイツのユダヤ女性にはほかに生き方はないのか」といった批判すらよびおこした。[16] しかしシュクラーは、そこにアーレントの「同化」概念が抱える特異性を見ている。

アーレントは、ユダヤ人の多様な生活形態が混在していたケーニヒスベルクで育った。古い家系の出である彼女の両親は、ユダヤ系でありながら、無信仰の社会民主主義者であった。少女アーレントを育んだ共同体がもつ複雑さを強調しつつ、シュクラーはつぎの点に注意をうながしている。「あきらかにアーレントは、両親も自分も同化ユダヤ人ではないと考えていた。おそらく、それによって彼女がいわんとしたのは、彼女たちが洗礼を受けるつもりはなかったということ、そしてユダヤ人であることを公然と表明していたということであろう」[17]。シュクラーによれば、こうした自己理解はプロイセンに特有のものであって、東欧やアメリカ合衆国の水準からすればアーレントたちはあきらかにすでに同化した存在だった。しかし、「ユダヤ人であることは個人的な挑戦行為であって、文化的・宗教的な伝統を積極的に維持することではない」という「奇妙な考え」をアーレントは固守していた。

アーレントにとって、ユダヤ人であることは、事実を個人がどう受容するのかという問題であり、共同的な生活形態にかかわる問題ではなかった。シュクラーは、「パーリア」を優位に考えること、そしてユダヤ性をめぐって個人的に特異な理解をもっていたことが、アメリカ合衆国亡命後のアーレントの生活における思考や行為の基盤をなしたとみなしている。亡命直後の「ユダヤ人の政治」とのかかわりにおいても、リトル・ロックにおける黒人共学の制度化に反対して論争を惹き起こしたさいにも、さらにはアイヒマン裁判の報告においても、である。

一九三三年にドイツを離れ、パリで亡命生活をおくったアーレントは、さまざまな試練のはてに、しかもいくつかの幸運に助けられて、一九四一年にニューヨークに到着した。アメリカ合衆国での彼女の生活は、「アメリカ・シオニスト機構」や「難民自助会」、そして数名の知人の援助によって始まった。職を得るために二カ月のいわゆるホームステイで英語を学んだのち、ユダヤ人の歴史家サロ・バロンを訪れた。そして、テオドール・ヘルツル・ガスターがひきいる「ユダヤ問題研究所」の援助を得て、バロンが編集する『ユダヤ社会研究』に「ドレフュス事件から現代フランスまで」(18)を書く。それと並行してドイツ語をつかえる仕事を探してもいた。ただし、彼女はそれなりに慎重であった。たとえば、自分たちを他の亡命者とは「別のドイツ」とみなし、アメリカ合衆国で「成り上がり者」になろうとする「亡命中のウルシュタイン派」(亡命者のなかでも、ベルリンにあったウルシュタイン出版社に深くかかわっていた知識人グループ)と接触を避けたという。また、ヨーロッパのユダヤ人の苦境に無関心なグループには、けっして肩入れしないようにもするなど、かなり注意深く行為の場を選んでいる。(19) そして、『アウフバウ』というドイツ語新聞にコラムニストとしての職を得た。この新聞は、もともとは「ドイツ人クラブ」の会報であったが、ヨーロッパ・ユダヤ人の状況がいっそう深刻になってきたことに対応して、ドイツ語を話すユダヤ人難民を援助し、ドイツ系ユダヤ人の亡命知識人に政治的見解を論ずる場を提供する週刊紙へと変容していた。この『アウフバウ』や他のユダヤ系の雑誌での仕事を中心に、以後数年間のアーレントの「歴史家と政治記者のあいだのような」著述活動や考察がくりひろげられる。

ユダヤ軍創設のアピールをはじめとするアーレントのこの時期の現実政治とのかかわりは非常に複雑である。この点では、さすがにヤング＝ブルーエルの叙述さえも混乱をまぬがれてはいない。シュクラーは、「ヤング＝ブルーエルを読んだ後もアーレントが何を支持していたかわからないが」としながらも、「彼女がアメリカのシオニスト運動の全党派と齟齬をきたした」ことだけははっきりと認めている。シュクラーもヤング＝ブルーエルと同様に、アーレントの「パーリア」としての位置を重視する。たしかに、アーレントはあらゆる「エスタブリッシュメント」とはかかわりをもたず、独立した発言をつづけた。アーレントの反ナチズムの姿勢は一貫している。けれども現実の政治は、彼女の言葉など存在しないも同然に、彼女が望んだのとは反対の方向へすすんだ。

ユダヤ軍創設の呼びかけを例外とすれば、おそらく「パーリア」という生き方を選んだ者にとって、広い範囲に社会的影響力をもつということには興味はない。独立に思考し独立に発話できる場をもつこと、そしてその場で世界に身をさらし、出来事にたいして応答していくことが重要となる。くわえて、「同化」の犠牲をはらわずに「パーリア」として存在しうるような政治制度があったからこそ、アーレントは合衆国にとどまったのである。その条件の有無こそが、「権利をもつ権利[20]」、すなわちサバイバルのための境界線でもあった。また、ときに「パーリア」は、既成の価値を逆なでする存在でもある。それは、他者にたいしても、そして自分にたいしても、ある種の暴力を行使することになる。

『イェルサレムのアイヒマン』について、シュクラーはかなり冷やかである。彼女は、「悪の凡庸さ」という論点や、組織の一員の行為責任にかんするアーレントの問題提起そのものは、たいして新しい問題ではないという。シュクラーによれば、この論争の焦点はアーレントがふたたびパーリアの立場を主張したことにある。他方、アーレントが東欧のそれをはじめとするユダヤ共同体の複雑さを、「同化の理論」で簡単にかたづけてしまったことには手厳しい。「多くのアメリカのユダヤ人からの反発は予想できた。アーレントがそれを予期せず、かれらの怒りに心底驚いたという事実は、彼女が自分の住んでいる地域のユダヤ人社会からいかに隔絶していたかを示しているにすぎない。じっさい、数名のニューヨークの知識人たちをのぞいては、彼女は現実にアメリカのユダヤ人を知らなかったし、シオニズム機関とも長いあいだ絶縁していた[21]」。さらに、「あの時あの場所であの本を公刊しなくてはならない特別な理由はなかった」とさえつけくわえて、『イェルサレムのアイヒマン』がユダヤ人のなかによびおこした「痛みと正当な怒り」を擁護する。もっとも、シュクラーから見ても、当時のアメリカのユダヤ人「エスタブリッシュメント」はたしかに過剰反応をした。そこでシュクラーは、一九三〇年代から四〇年代にかけてアメリカ合衆国にやってきたドイツ・ユダヤ人の特殊性、孤立性に注意をはらうべきだと示唆する。社会階級としては知識人が多く、イディッシュ語を知らず、ユダヤ的慣習をもたないこれらの新参者たちは、それ以前からアメリカ合衆国に住んでいたユダヤ人にとっては「異邦人」であった。両者のあいだには、相互の文化的緊張が戦後もひきつづき存在していた。シュクラーは、そうした緊張に負荷をくわえたのは、ヨーロッパの「同胞たち」を救出できなかったという罪悪感だったという。そして、これがアメリカのユダヤ人にも犠牲者との過剰なまでの同一化を強制した、と。

シュクラーが強調するのは、ヘレニズムを精神的故郷とする『人間の条件』の著者がアメリカの現実社会といかに隔たって生きていたかということである。「隔たりといっただけでは弱すぎる。なぜなら『イェルサレムのアイヒマン』は文化的真空のなかに据えられているからである」[22]。ただし、彼女はアーレントのそうしたヨーロッパ的「パーリア」性を一方的に非難していたわけではない。東欧ユダヤ系でアーレントと同じく「絶滅」を逃れてアメリカにわたったが、高等教育はアメリカで受けたこの女性政治学者は、深い共感と違和感をないまぜにしながら、つぎのようにいっている。「ひとりのユダヤ人がどうあるべきかという彼女の理想は災いをよぶものではあったが、ドイツ・ユダヤ人の生の現実への高潔な応答でもあった」。そして、アーレントを攻撃した「アメリカのユダヤ人」はいまも繁栄している共同体であるのにたいして、「ドイツ・ユダヤ文化はアーレントとともに消滅した」と。

3 「われら」と「亡命者」のあいだ

戦後の「アメリカ」、とりわけニューヨークの知識人社会がアーレントという存在なくしては語りえないことは、多くの論者が認めている。その一人であるルイス・コーザーも、シュクラーと同様に、アーレントはドイツからたずさえてきた「パーリア」という視点をアメリカでも維持しつづけていたと強調している。[23] それは、見方を変えれば、ドイツでの経験によってみがかれた眼鏡でアメリカの物事を見る傾向を克服できなかったということであった。ただし、コーザーによれば、他の亡命知識人とアーレントが違っていたのは、彼女がそうしたアウトサイダーとしての知的・道徳的自律を、アメリカという文化の舞台に身を投げいれながらも保持しつづけたことにある。したがって、「彼女はインサイダーでもアウトサイダーでもあった」。しかし、インサイダーでもあるようなアーレントのアウトサイダー性は、アーレントが「ヨーロッパ」から身につけてきたものなのだろうか。

「一九四三年のニューヨークは世界を照らす燈台だった」とケイジンは書いた。[24] 街角のあちらこちらで、マルク・シャガールやベルトルト・ブレヒトなど、ヨーロッパからの亡命知識人たちの姿が見かけられた。「ニューヨークは管弦楽団をもたぬ指揮者、演奏のできぬ有名なピアニスト、戦局を伝えるため故国に向かって放送しているドイツ、フランス、イタリアの知識人たちであふれていた」。そのような状況にあった一九四三年、ヨーロッパではユダヤ人の組織的大量殺戮がおこなわれているという情報が伝えられる。参戦以前からアメリカにも蔓延していた反ユダヤ主義を直視していたケイジンは、その時点においてさえも、アメリカの文壇が「ユダヤ人問題」を忌避した様子をつぎのように叙述している。「ユダヤ人はヒトラーの最大の憎悪の対象であったにしろ、他の国民にとっては、ユダヤ人問題は枝葉の問題だった。……ナチスがユダヤ人に絶滅を宣告していた一方で、ヒトラーと戦っている者はユダヤ人のことなど考慮に入れていなかった」。[25] ケイジンは、自殺することによって一九四三年五月に加害者と傍観者にたいして抗議した亡命ポーランド系ユダヤ人、シュムエル・ジーゲルボイムが「世界の良心」にあてた最後の手紙を、『ニューヨーク・タイムズ』の片隅で発見する。ケイジンはそれを『ニュー・リパブリック』に転載し、ジーゲルボイムの叫びに応答せよと世論にうったえた。しかし、これには数名の著述家が賞賛の言葉を寄せたにすぎなかった。「ユダヤ人はうるさいだけの存在だった」。

この年の『メノーラ・ジャーナル』一月号に、アーレントは「われら亡命者たち」というエッセイを英語で書いている。(26) このエッセイは、ヨーロッパの地獄から逃れてきた無国籍者の過酷な実存的状況を、唯一無比の文体で描きだしたものとして、今日でも非常に高く評価されている。このエッセイのなかでアーレントは、亡命者たちに向かって、「過去」を捨てさることでしか生きていけないように見える苦境においても、「同化」の道を選ばずに「パーリア」として連帯していこうとよびかけている。この「文学的マニフェスト」は、政治的故郷喪失の問題を考えるうえでも、また亡命者の「経験の喪失」を考えるうえでも、あるいはドイツ・ユダヤ人が歴史的に直面してきた「同化」問題の深刻さを考えるうえでも、多くの示唆をあたえてくれる。そしておそらく、このテクストのなかに見られるアーレントのアウトサイダー性は、「亡命者たち」とそれ以外のひとびととのあいだの経験の断絶を単純に反映したものではない。また、「成り上がり者」と「パーリア」という二項対立で整理できるものでもないだろう。

まず、アーレントのエッセイのアドレス、すなわち宛先のことを考えてみよう。「メノーラ」すなわち「ユダヤ教の飾り燭台」という名をもつこの雑誌の読者は、英語が読めるユダヤ人たちである。当時のアーレントは、まだ『全体主義の起原』や『人間の条件』の著者ではなく、ドイツ語あるいは英語のユダヤ系の雑誌に寄稿する亡命ユダヤ人ジャーナリストであった。つまり、彼女の読者は亡命ユダヤ人かそれ以前から合衆国に在住していたユダヤ人、ほとんどは「われら亡命者たち」にかぎられていた。その「われら」に向けて、アーレントはこのエッセイを書いたのである。

なかでももっとも重要な「われら亡命者たち」（we refugees）とは、アーレント自身がそうであったように、ナチス・ドイツからアメリカに避難してきたドイツ・ユダヤ人を指している。アーレントは、かれら（「われら」）の窮状を、理解とユーモアと皮肉をこめて、かれら（「われら」）やそれ以前から合衆国に在住していたユダヤ人たちに語りかけている。エッセイはつぎのように始まる。

何はともあれ、われわれは「亡命者」とよばれたくない。われわれ自身は「新参者」とか「移住者」とよびあっている。われわれの新聞は「ドイツ語を話すアメリカ人」のための新聞である。そして、わたしが知るかぎり、ヒトラーに迫害されたひとびとのつくったクラブのうちで、会員が亡命者だとわかるような名前のものは存在していないし、いままでも存在しなかった。

〔中略〕

この戦争が始まる前、われわれは亡命者とよばれることに、もっと神経をとがらせていた。われわれは、他のひとびとの前で、自分たちがふつうの移住者にすぎないということを証明しようとやっきになった。われわれは自分たちの自由な意志で、自分で選んだ国にやってきたのだと大きな声で述べた。そしてわれわれの状況は、「いわゆるユダヤ人問題」とは関係ないのだといった。そう、われわれは、居心地がわるくなったり、もっぱら経済的な理由のために、ある日自分たちの国を後にした「移住者」あるいは「新参者」だったのだ。われわれは人生をやりなおしたかっただけ、それだけだ。(27)

アンソニー・ハイルビュートは、「亡命経験」と哲学的伝統からの「断絶」とが、『イェルサレムのアイヒマン』において最大の争点となったアーレントの「語り口」を生みだしたと指摘している。そして、エッセイ「われら亡命者たち」を読むさいには「われわれ」と「亡命者たち」を分離するべきだとし、アーレントを後者の一人に位置づけている。ハイルビュートによれば、「彼女の皮肉な語り口は、彼女があきらかにその一人である〈亡命者〉と、彼女ができれば属したくない〈われわれ〉とのあいだを区別している[28]」。

この解釈はそれなりに妥当性をもつだろう。「われわれ」にあたるひとびとが亡命者であることを隠すのは、ユダヤ人であることを知られたくないからである。さらに「われわれ」は、「ふつうの移住者」のふりをして「ユダヤ人問題」とは関係がないと叫ぶ。そして、「人生をやりなおしたかっただけ」だと、自分自身をも偽る。アーレントが選んだ姿勢は、亡命者である事実をうけいれたくない「われわれ」やユダヤ人問題を否定する「われわれ」からかけ離れている。すでにラーエル論のなかで見たように、アーレントは必死に同化を試みる「成り上がり者」を批判し、制度外的存在であることを否定せずにその事実と向きあう「パーリア」に賛同する。したがって「亡命者」であることを隠そうとはしないだろう。しかし、つぎにでてくる「われわれ」はどうだろうか。

われわれは故郷を喪失した。それは慣れ親しんだ日常生活を失ったということである。われわれは仕事を失った。それはこの世界でなんらかの役にたっているという自信を失ったということである。われわれは自分たちの言葉を失った。それは、自然な反応や簡単な身ぶりや、飾りのない感情表現を失ったということである。われわれはポーランドのゲットーに親戚を残してきた。そしてわれわれの親友たちは強制収容所で殺された。これはわれわれの私的生活が破壊されたということである。(29)

アーレントが「われわれ」と自分とを区別していると断言したハイルビュートは、このくだりにさしかかると、これをアーレントが「一般的な混乱を理解していた」ものとみなしている。しかし、ここにはハイルビュートがいうような「皮肉な」口調はいっさい聞きとれないのではないだろうか。「生まれ故郷を喪失し」「仕事を失い」「言語を失い」「私的関係をひき裂かれた」「われわれ」は、アーレント自身のことでもあるはずである。アーレントが「われわれ」にたいして距離をとっているのは事実であるが、管見では「われわれ」と「亡命者たち」がそれほど簡単に区分できるとは思われない。むしろ、アーレントはここでは「われわれ」でもあり、「亡命者」でもある。すなわち、このエッセイのなかには、アーレントが「われら」から自分をひき剝がそうと格闘している複雑な態度が畳みこまれている。いいかえれば、このエッセイの文体のなかには、「われら亡命者たち」に語りかける、「インサイダー」でもあり「アウトサイダー」でもあるアーレントのひとつの姿があらわれている。さらにこのエッセイは、「われら亡命者たち」自身もアメリカのユダヤ人にたいしてはアウトサイダーであり、また「アメリカ」のなかではユダヤ人たち総体がアウトサイダーであるという関係性を暗示しているために、読者によってさまざまな屈折率を見せるのである。

すでにふれたように、このエッセイは、ドイツ・ユダヤ人が歴史的にかかえてきた「同化」の深刻さを提示している。アーレントはひとつの喩えとして、熱狂的なドイツの愛国主義者であったベルリン出身のコーン氏の逸話をとりあげている。コーン氏は、ドイツを追いだされてチェコに逃れた後、すぐさまチェコの愛国主義者になる。チェコからさらにオーストリアに逃げれば、オーストリアに忠誠を誓う。「国籍」ならばどこのものでも魅せられて、国を転々とするたびにアイデンティティを変え、「愛国」と「忠誠」を誓う。その小話をアーレントは「われら」に向けて語りかけているのである。しかし、それは「成り上がり者」をたんに非難するという仕方によってではない。同時に「われら」以外のひとびとに向かって、「ユダヤ人であることはこの世界でいかなる法的地位もあたえられないことである」とあきらかにしながら、そうしているのである。

あるいは、アーレントは、一九三〇年代にアメリカのユダヤ人のあいだではやったドイツ・ユダヤ人亡命者の行動を皮肉った小話を紹介している。それは、独りうちすてられた亡命ダックスフントが、「むかしぼくがセントバーナードだったとき」と語りはじめるというものである。アメリカでは小さな犬「ダックスフント」にすぎない亡命者が、過去の栄光を並べたてるのだ。

アーレントは、アメリカのユダヤ人たちや「われら」に向けて、その小話にはひとつの「人間的真実」がふくまれているのだという。すなわち、「かつてわれわれはだれかに気に懸けられるようなひとかどの人物であった。われわれは友人たちに愛されていた。そして家賃をきちんと払っている者として、家主に知られていたほどである」と。

こうした語り口は、「パーリア」による「成り上がり者」への批判といったものともまた違う。むしろこの文体は、一九四四年に英語で発表され、その数年後にドイツ語で出されたパーリア論「隠された伝統」やカフカ論「フランツ・カフカ」[30]のなかで、アーレントがカフカに見いだそうとしたそれに近いものがある。アーレントはそこで、社会外的存在である「パーリア」の一九世紀的な生き方として、「パーリア」やそれと同じ境遇のひとびとの社会で「リアリティと乖離したボヘミアン」になる道と、社会や政治に干渉されない領域である「自然と芸術」のなかで生きる道とのふたつを挙げた。そして、それらはいずれもカフカにはもはや有効なものではなかったと断言する。「かれの現代的なリアリティ意識にとっては、もはや天と地だけでは十分ではなかったのである」。問題はむしろ、「[社会から]締めだされた者や、社会に敵対する者たちにそもそもなんらかのリアリティが保証されるのか」[31]ということであった。「社会」は「パーリア」に、「社会こそが現実」であり、かれ自身は「何者でもない」と、つまり「かれは実在しないかのように信じこませよう」とする。アーレントは、カフカの初期の作品『ある闘いの記録』に注目している。「百年以上つづいてきたこの闘いのなかで、カフカがはじめて、かれの作品のそもそもの始まりの時点で、問題全体を反転させ、社会こそが〈燕尾服を着た……何者でもない連中たちだけ〉から成り立っていることを、つきとめてみせたのである」[32]。アーレントは、カフカの作品における個人的特性をもたない主人公の際だった特徴として、かれが思わぬ出来事にたいしてどのような態度をとるべきか絶えず思考しつづけていることを指摘する。

さらにアーレントは、『城』の主人公Kが思考するだけでなく、村にとどまる「滞在許可」（Aufenthaltserlaubnis）を要求することに注目した。よそ者として村にやってきたKは革命的信念をもつわけではなく、ごく普通のものに執心するにすぎない。Kは「人間の権利、すなわち家、仕事、家族、同胞であること」を「施し」ではなく、権利として要求する。しかし、その要求はうけいれられない。アーレントは書いている。

> 城がいろいろな口実によって、きちんとした滞在許可にたいするかれの要求を拒みつづける以外は、かれには何も起こらない。闘い全体が決着のつかないまま、Kは自然死する——力尽きて死ぬ。かれが望んだものは、一個人の力を超えるものだったのだ[33]。

「亡命者」であるアーレントが「滞在許可」という言葉をつかうとき、そこには切実なリアリティが響いていることはいうまでもない。また、カフカの位置にアーレントをおきかえるならば、彼女はおそらく、ひとびとのあいだにもうひとつの「言語空間」をつくりだすことにおいてしかリアリティは保証されないとつけくわえたかったことだろう。「われら亡命者たち」と書いたとき、アーレントは「われら」から自分自身をひき剝がして「あいだ」をつくりだし、そこから「われら」に語りかけている。おそらくそうしたアーレントの言葉は、見慣れた風景の異様な様相を「われら亡命者たち」にあらためてつきつけたことだろう。そこに読みとられるべきなのは、「リアリティ」は、一枚岩の内部からではなく、「あいだ」をめがけた行為から生まれてくるのだというアーレントの信念である。

さて、話をもとに戻してみよう。ハイルビュートは、「われら亡命者たち」の逸話、アーレントの語りが、「亡命者たちを現実の場へとひき戻す」効果をもったと述べている。「作り話はもうたくさんだ、芝居じみたことはもういい、自慢話はもう十分ではないか」と指摘することによってである。また、過酷な亡命の経験を直視せずに「リアリティ」にたいして心を閉ざした他の亡命作家たちと、アーレントとの違いをこうも表現している。「ハンナ・アーレントは、天空にも、象牙の塔にも、一九世紀にもわが身を置こうとはしなかった。ユートピアの恍惚を望むこともなかった」。(34)

歴史と伝統を廃墟とみたヴァルター・ベンヤミンに、アーレントはカフカにたいしてと同じくらい共鳴していた。亡命途上、リスボンからニューヨークにわたる船をまちながら、アーレントとブリュッヒャーは、友人ベンヤミンから手渡された「歴史の概念について」(「歴史哲学テーゼ」)の草稿を声をだして読みあったという。そして、廃墟のなかから「リアリティ」を獲得するために、べンヤミンのように、こなごなの残骸の山から、貴重な断片を採り出してくることに賭けた。「歴史の概念について」における「歴史の天使」は、出来事の連鎖としてあらわれるもののなかに、比類なき残骸の山を見る。(35)「天使」はその意に反して「進歩」という疾風によって未来のほうへ吹き飛ばされてしまうのだが、「天使」の望みは依然として、死者たちを呼び醒まし、こなごなになったものを結びあわせることにある。ハイルビュートはこうしたベンヤミン的手法が、アーレントに「新しい精神的大陸(36)」を開いたのだという。しかし、ハイルビュートのこの言葉をひきとっていえば、「ヨーロッパ」という「大陸」そのものがアーレントにとってはすでに「廃墟」となっていたのである。一九四四年のエッセイ「外国語の新聞における国外事情」で、アーレントは書いている。

ホメロスの時代から、偉大な物語が偉大な戦争の足跡をたどったが、偉大な語り手たちは破壊された都市や荒廃した風景の廃墟から、そっと這いだしてきた。今日の新聞は語り手をやとい、かれらを記者あるいは通信員と呼んでいる。そして物語ることそのものが現代技術によって組織されている。一語一句にいたるまで、物語は電話あるいは無線によって家までとどけられる。しかし、時として、あふれるほどの読み物のなかで葬り去られてしまった物語が、価値のない石ころの山から貴重なダイヤモンドのように輝きながらあらわれでてくることがある。(37)

こうしてアーレントは、「ユダヤ人問題」が関心をひかないアメリカの文壇で、「絶滅」にさらされるユダヤ人の生存条件を直視することから始めなければならなかった。アーレントにとって絶望から這いあがる道は、「われら亡命者たち」に語りかけ、その連帯の可能性に賭けてみることにおいてしかなかった。そうした「亡命経験」からアーレントの思考を見ていくことによってはじめて、彼女が「われら亡命者たち」の生きていく方法を、「リアリティ」を共有しあうことに見いだしていたことがわかる。そして社会から締めだされた者がもうひとつの空間をつくりだす仕方を、アーレントはカフカに学んでいる。アーレントにとって、そうした空間はひとびとの「あいだ」にある。「リアリティ」は「あいだ」にあるだけでなく、そもそも「あいだ」にしか寄る辺はなかったのだ。そうした「あいだ」を生みだしていく言葉、すなわち精神的故郷は、もはや「ヘレニズム」の伝統ではありえなかった。「リアリティ」のためには、むしろ残骸のなかから、コーン氏や「亡命ダックスフント」のような小話を拾うことから始めなければならなかった。少なくともアーレントの場合、「亡命経験」は、完成された異種の文化が混ざりあうというような文化融合などではとうていありえなかった。むしろそれは、分裂であり断絶であった。アーレントは、破片を集めることによってしか始められなかった。「あいだ」にしか寄る辺のないそうした「語り口」によって、根を断たれたアーレントは「亡命」という状態のなかで立ちつづけることができたのである。

第二章　「政治」と《あいだ》

1　断崖の思考

まずは、一九六四年のあるインタヴューにおけるアーレントの言葉を引いてみよう。

> 決定的だったのは、アウシュヴィッツのことを知った日でした……これはまさに、あたかも奈落の底が開いたような経験でした……屍体の製造やその他のこと……そこで起こったことは、わたしたちのだれであっても、もはや折り合いをつけることができないものだったのです。(1)

一九四三年が明けてから、ヨーロッパのユダヤ人が大量に殺戮されているらしいという情報が、続々とアメリカにとどくようになった。しかし、これらの報告にふくまれている虐殺の法外さは、むしろひとびとに困惑をもたらし、容易には真実として信用されなかった。また、それらの情報が無関心なひとびとを行動へと駆りたてるということもなかった。アーレントは、すでに「一九四〇年からあらゆる移送措置やゲットー政策を注意深く見まもり[2]」、『アウフバウ』のコラムでも強制収容所における大量殺戮について書いてきた。それらの記事のなかでは、読者にヨーロッパの出来事への注意を喚起し、ヒトラーと戦うユダヤ軍創設が必要だとうったえていた[3]。それにもかかわらず、「アウシュヴィッツ」について、ほかならぬ彼女自身がにわかには信じることができなかったという。「最初わたしたちは、それを信じませんでした。夫もわたしも、連中は何でもやりかねないぞといつもいいあっていたにもかかわらずです」。「ガス室」は、当時全力で事態を把握しようとしていたかれらにとってさえ、あらゆる「意味」や「理解」を拒絶する出来事だった。アーレントはそのとき眼前に口を開けた「奈落の底」を、つぎのような詩句にあらわしている。

過去の澱みから浮かびあがる
多くの記憶たち
闇のなかの数々の人影が、虜になったわたしの思いの弧を描く
過去へと誘い、導きながら
死者たちよ、あなたたちはどうしてほしいのか[4]

「証拠がつきつけられた」あとになってからでさえ、アメリカのユダヤ人共同体の世論は、ナチ

スと闘おうという行動的な指針にまとまることはなかった。シオニスト指導部も沈黙をつづけていた。アーレントは、こうした沈黙への怒りを、ニューヨークのユダヤ女性慈善団体の集会で表明したことがある。「大戦勃発以来、いえ、それ以前にも、黙殺の申しあわせがユダヤ民族の数々の受難と死者の数を覆い隠してきたのは、くりかえし指摘されている周知の事実です(5)」。また、一九四三年九月三日付の『アウフバウ』には、「テレージエンシュタットの本当の理由」と題した記事を寄せている(6)。アーレントは、「アリバイ工作としてのテレージエンシュタット」という趣旨の同紙の記事には事態を軽視する傾向があると見て、「場所によって差異はあるものの、〔ナチスの移送政策およびゲットー政策には〕首尾一貫した政治路線があるのだ」と批判した。短い記事ではあるが、そこでアーレントは、「住民が反セム主義的でない地域から、住民の反セム主義が見込まれる地域へと、ユダヤ人が移送されている」、「ドイツやチェコスロヴァキアの地域では、根絶ではなく分離という説明がなされている」、あるいは「大量殺戮は人影のない地域でおこなわれている」など、かなり具体的な表現をもちいており、さらにつぎのようにしめくくっている。「わたしは貴紙のテレージエンシュタットの記事に触発されて、考察を寄稿いたします。なぜならわたしはすでに長いこと、こうした報道の仕方では、ともすると〔ヨーロッパで起きている出来事を〕ひとびとには信じてもらえないようになりがちだと思ってきたからです。それは、これらの報道がたいていは、ユダヤ人の迫害とナチスの支配機構のあいだの関連を説明するのを怠っているためです(7)」。

アーレントは、アメリカで生活するひとびとにとってヨーロッパで起こっている事態がいかに理解困難で想像を絶するものであるかということを、はっきりと自覚していた。「普通に暮らすひとびと」と当事者たちとのあいだにある〈経験の断絶〉は、すでに彼女にとっては思考のさしせまった必要条件であった。ベンヤミンは、物語る技法と〈経験〉を交換する能力が人間から失われてしまった事態を見つめて、〈経験〉の底なしの没落が始まった時点を、第一次世界大戦においていた。世界戦争という世界史的に途方もない「経験」をした世代にあって、〈経験〉は、それがすでに貧困化した状態にあることを露呈したのである。ベンヤミンは書いていた。「戦場から帰還してくる兵士たちが押し黙っていたことに、気がつかなかったか。伝達可能な経験は豊かにではなく、いっそう乏しくなっていたのだ(8)」と。その亡き友の遺言に共振するかのように、アーレントは、「帰還した兵士と故郷にとどまっていた一般市民を隔てる深淵に橋を架けることが、いかに困難であるか」と書いている(9)。しかし、アーレントは、自分を「廃墟から這いだしてきた語り手」になぞらえていた。彼女は、死にものぐるいで「石ころの山」に分けいり、「あふれるほどの読み物のなかで葬り去られてしまった」真実を探そうとしていた。あるいは比較的理解可能に見える切片から意味をさぐりだし、それをひとびとに伝えようとしていた。一九四四年の『アウフバウ』に寄稿した一連のエッセイは、アーレントのそうした身ぶりそのものでもある。

たとえばアーレントは、ワルシャワ・ゲットー蜂起の一周年にさいして、その出来事の推移をできるかぎり正確にありありと思い浮かべることの必要性を、あるエッセイのなかで論じている。[10]「六射撃の教え」と題したその小品は、AP通信によって当時伝えられたひとりのユダヤ人少女の証言をとりあげている。この一七歳の少女は、「ゲットーで暮らしていた人たちは本当の報復者になりました。わたしは六人のドイツ人しか殺しませんでしたが、わたしたちの部隊には何十人も殺したユダヤ人もいました」と胸をはっていたという。[11]アーレントはこの発言のさまざまな含意を示唆したうえで、「よき意志をもつ」読者に、「ベティの六射撃を記憶にとどめてほしい、ワルシャワ・ゲットーの蜂起の経過をできるかぎり何度も語りなおしてほしい」と呼びかけている。ただし、注意を要するのだが、これらの呼びかけは「行為者」を単純に英雄として讃えるという語りではない。アーレントは「行為」の痕跡が示す意味を語ろうとしたのである。

しかし、ことはこれにはとどまらない。こうした「行為」の痕跡すらいっさい存在せず、それゆえにあらゆる「語り」や「理解」を停止させたものが存在する。それこそが「アウシュヴィッツ」であった。

ケイジンも「虐殺が政治の第一原理となったのである。われわれがそのへりに生きている深淵のさまが、われわれの眼の前にあきらかにされたのだ」[12]と書いていた。『全体主義の起原』の英語の校正をおこない、その書の成立現場に立ち会ったケイジンは、その過程でアーレントが、かたときも休むことなく考えつづけていたと伝えている。休みなき思索が始まったのは、一九四五年であった。アーレントは書いている。

それは、何が起こったのか？　なぜ起こったのか？　どのようにして起こりえたのか？——という問いを口に出し、追求することができるようになったはじめての時点だった。それというのも、廃墟と化した国土と、自分たちの歴史の「ゼロ地点」にまでもどったと感じているひとつの民族とをあとに残したドイツの敗北から、無傷も同然の書類の山、ヒトラーの「千年王国」が命脈をたもった一二年間のすべての局面にかんする、ありあまるほどの膨大な記録資料が現われたからである。(13)

アイヒマン裁判の考察の最中に、アーレントはメアリー・マッカーシーに「わたしは膨大な資料のなかを泳ぎまわり、もっとも多くを語る引用箇所をいつも見つけようとしています(14)」と書きおくった。全体主義の考察を始めたころから、アーレントがすでにこうした態度をとっていたことは、その書が参照した膨大な資料や文献が証明している。ただし、アーレントは詳細な細部のなかに埋没してしまうことはなかった。詳細な細部といえども、アーレントという「語り手」をとおして、位置づけられているということが重要である。そのためには、アーレントが、この出来事がもつ「理解の困難さ」とそれを「語ることの難しさ」について「倦むことなく」省察しつづけることが不可欠だった。

「ガス室」という事態は「人間の理解力を越える」ものであった。「人間の歴史のなかでこれほど語ることが難しい物語はなかった」[15]。「ガス室の前では、最悪の犯罪者さえ、赤子同様に無垢」であり、その「怪物的な平等性」は「歴史を生みだす基盤そのもの――すなわち、どれだけ自分たちから縁遠い出来事であろうと、それを理解することができるというわれわれの能力――を、破壊する」[16]。アーレントは『暗黒の書――ユダヤ民族にたいするナチ犯罪』にたいして書いたある書評のなかでこういっている。「いかなる種類のクロニクルも、六百万人の死者たちを政治的議論へと転換することはできないだろう」と[17]。

世界ユダヤ会議を中心に編集された『暗黒の書』（一九四六年）は、つぎのような文章をかかげていた。「文明世界の法廷でドイツ人たちを正式に告訴する者として、ユダヤ人には告訴状を……用意することがまさに求められている。……ヒトラーの犠牲者たちの血が、いたるところで叫んでいる。われわれの告訴状の目的は、その叫びを声にすることだ」[18]。しかし、アーレントはこうした姿勢に同調できない。プロパガンダという偽りの世界で遂行されたナチスの政策は、リアリティそのものまでも「製造」するような行為によって支えられていた。アーレントは、ナチスがユダヤ人にそうしたように、ドイツ国民全体を有罪だと決定する力をだれかが独裁的に手にすることは許されない、と断言する。「そのような差異を作りあげてそれを維持することは、地球上に永久に地獄を据えつけることを意味するからである」。そして、つぎのように続ける。

美徳を越える無垢と悪徳を越える有罪から、いいかえればすべてのユダヤ人が必然的に天使で、すべてのドイツ人が必然的に悪魔であるような地平から、われわれは政治のリアリティに戻らなければならない。ナチスが作りあげた地獄についての真の物語は、未来のために何としても必要なのである。その理由は、これらの事実がわれわれが呼吸している空気そのものを毒に変えてしまったということだけではない。また、それらの事実が夜はわれわれの夢に棲みつき、昼はわれわれの思考に浸透しているからだけでもない。それだけではなく、それらの事実がわれわれの時代の基本的な経験と基本的な悲惨になったからである。この新しい基盤にのみ人間の学問はもとづくであろうし、そこからのみわれわれの新しい洞察、新しい記憶、新しいおこないは始まりうる。けれども、この物語全体を語りうる力があると感じる者は、いつの日かその物語が、それ自体のなかでは悲しみと絶望しか生みだしえないことに気づかざるをえないだろう。つまり、なんらかの特定の政治的目的のための議論などは、そこからはとうてい引きだしえないということを〔強調はアーレント〕[19]。

「屍体の製造」という第三帝国の「政治的リアリティ」は、人間に関係するあらゆることがらの意味のまとまりを、すべからく破壊するものであった。「破局を膚で感じること」と、アーレントは、ヘルマン・ブロッホの『ヴェルギリウスの死』の書評、「もはやない、そしてまだない」で書いている[20]。「深淵は現実」であり、「ヨーロッパの中央部に建てられた死の工場」は、「すでに磨耗してはいたが、それでもまだわれわれを歴史的実体に結びつけていた糸を、最終的に切断した」のである。「われわれは、世界と人間についてのいかなる伝統的な観念をもってしても、もはや照らしだすことのできない現実に直面している」。

こうした「判断の基盤となる伝統的価値」の崩壊を明確に自覚したうえで、アーレントは『全体主義の起原』の執筆作業にとりかかった。もっとも、「経験」を語りうる言葉はすでに失われていた。この出来事を語るうえでの方法論的な困難を、一九四六年に彼女はある出版社にあててつぎのように書いている。「わたしは厳密な意味での歴史記述を避けました。なぜならこの連続性が正当化されるのは、著者が自分の主題としたことを残しておきたいと望む場合だけだからです。この意味での歴史記述は、つねに起こったことの正当化です」(21)。彼女には「単純な断罪」も「正当化」も不可能であった。出来事の語りそのもののなかにも、それが「必然性」という罠を招きよせる危険性が存在することを、アーレントは見逃さない。序論で引いたヤスパースの言葉にもどるならば、人間がどうなるかは、人間にかかっているのであって、暗い宿命にかかっているのではない。したがって、いかなる意味連関も因果的なものとしてではなく、改訂されうるものとして認識されなければならないのである。一九五三年に、アーレントは、エリック・フェーゲリンによる『全体主義の起原』の書評にたいする返答のなかで、こう書いている。

わたしの最初の問題は、わたしが保存したいのではなく、その逆に破壊するべきであると感じることがらについて、つまり全体主義について、いかに歴史的に書くかということでした。[22]

たとえ因果関係によって学問的説明ができるとしても、そのことでわれわれが現実を直視でき、過酷な現実に抵抗できるということにはつながらない。ニーチェの言葉をかりれば、「人間として生きうるためには、人間は過去を破壊し、解体する力をもたなければならない[23]」。その力を手にするのは、「過去を法廷にひき出して、注意深く審問し、判決をくだすことによってである」。アーレントにとっては、いかなる「プロパガンダ」とも縁を切り「過去」を裁断することが、科学的説明や必然性の「法則」から人間の手へと「尊厳」をとり戻すことであった。

アーレントによれば、「全体的支配」は、無限に多様な人間を不変の反応体に還元し、これらの反応体のひとつひとつを、他の反応体と交換可能なものにする。[24]「強制収容所」という「実験室」で、「人間を余計者にする実験」がなしとげられたのである。[25]ひとりひとりの人間がそれぞれ独自性をもち、それゆえに複数的に存在するというあり方は、そこでは根こそぎ破壊され、人間の自発性は抹消される。なぜならば、人間の自発性は、予測不可能なものであって、「全体的支配」にとっての最大の障碍となりかねないからである。約言すれば、全体主義はその首尾一貫性を維持するために、人間の尊厳にかかわるすべての痕跡を消し去ることを必要とする。人間を「余計者」にするこうした「根源的な悪」は、人間が「罰することも赦すこともできない」「新しい犯罪」であった。(26)『全体主義の起原』第三部「全体主義」の第三章「全体的支配」の末尾で、アーレントはその理解がいかに困難であるかをうったえ、そうした「悪」が現代社会でしぶとく生き残りかねないと警告しながら、つぎのようにまとめている。

あらゆる尺度をぶちこわしてしまうような途方もない現実のなかで、われわれは直面するものを理解しようとしても、拠りどころとすべきものをじっさい何ももっていない。ただし、ここでつぎの点だけははっきりしているようだ。つまり、この根源的な悪が、すべての人間が同じように余計者になるようなひとつのシステムとの関連のなかで現われてきたということだけは、少なくとも確認しうるのだ。(27)

2　「思索日記」の語るもの

アーレントが『全体主義の起原』の初版(英語版)の原稿を書きおえたのは、一九四九年であった。その時点ではまだ、現在公刊されている版の最終章にあたる「イデオロギーとテロル」という章はふくまれていない。アーレント自身も、この「全体的支配の諸要素についての分析と密接な関係にある」「厳密に理論的な性質の洞察」を、四九年当時はまだ得ていなかったといっている。(28)この「イデオロギーとテロル」という論考が最初に世に出たのは、カール・ヤスパースの記念論文集

（一九五三年）によせた一文としてである。[29] この論考をアーレントは、『全体主義の起原』のドイツ語版（一九五五年）の公刊以降に、最終章としてくわえたのであった。ようするに、アーレントは『全体主義の起原』の当初の原稿を書きあげたのとほぼ同じ長さの年月をかけて、全体主義についての「洞察」を熟成させたともいえる。また、あとで述べるように、アーレントがヨーロッパの哲学的伝統と「政治」との関係の検証を始めたのも、一九五〇年前後のことだった。そうだとすれば、この時期のアーレントの作業を跡づけていくことは、のちに彼女が展開した政治思想の核心を探るためにも、重要な意味をもつはずである。

ところで、この最終章においてアーレントは、「新しい支配形式」である全体主義の本質を「イデオロギー」と「テロル」に見いだしている。[30] それによれば、イデオロギー的思考は、過去・現在・未来について全体的に世界を説明することを約束する。そして、いっさいの経験を無視し、「政治的現実」という恣意的な説明概念の体系を作りだす。確実なものとされる前提から出発し、完全な論理的一貫性にそくして、現実にある事実を処理するのである。全体主義的なテロルは、「自由の空間であるひとびとの《あいだ》の空間を徹底的に否定することによって、人間のこの全体的一者性を製造する」。[31] いいかえれば、テロルは人間の《あいだ》の一切の関係を消滅させ、「世界」を喪失させる。そしてイデオロギーは、そのようにアトム化し孤立化した個人を必然的な論理体系のなかに組み込み、その個人から新しくなにかを始める能力を剥奪するのである。

経験の喪失と複数性の破壊、すなわち「世界」の解体は、人間に、「他のひとびと」からも「世界」からも、そして「自分自身」からも「見棄てられている」という事態（Verlassenheit, loneliness）をもたらす。ひとは「世界」に結びついてはじめて、すなわち他のひとびととのかかわりにおいてはじめて、「自分のもち分である世界をうけとる」。「見捨てられている」という事態が生ずるのは、「人間が共に住んでいるこの世界が分裂し、たがいに結ばれあった人間たちが自分自身になげ返されたときである[32]」。

> 見棄てられていることのなかで、自分自身および世界は、つまり真の思考能力と真の経験能力は、同時に没落する。頼りとすべき証人がいなくなった現実性を、見棄てられた者が疑うのは無理もない。というのも、この世界が確かさを与えるのは、その世界がわれわれにとって、他のひとびとからも一緒に、保証されている限りにおいてのことだからである[33]。

アーレントはこうした「見棄てられている」という事態こそが、「全体主義的支配において政治的に現実化される人間の共存の基本的経験」である、と述べている。しかも、このような世界解体は、ひとびとがただ「見棄てられている」というだけではなく、そのような現実が組織されたことによるものだった。「組織的に根こそぎ見棄てられていること」（organisierte Verlassenheit）は、まさに「世界」を荒廃させようとしている。アーレントはこの脅威にたいして、「ひとりひとりの人間の誕生」である「始まり」という観念に唯一の希望を見いだしている。彼女はここに「世界の存続」を賭け、「政治的には、始まりは人間の自由と同一のものである」と述べて、この最終章の省察をしめくくった。

さて、以上のようなアーレントの全体主義にかんする理論的格闘を俯瞰するとき、彼女がのちに展開した「政治」概念を、いわば実存主義的に解釈するアプローチが可能になる。たしかに、アーレントは全体主義において人間の「余計者」になる事態を分析し、「見棄てられていること」の根源的な喪失状態を強調した。他方、「非全体主義的世界の模索[34]」と評価された『人間の条件』(一九五八年)のなかでは、「交換不可能な」個人の独自性を強調し、それを可能にする「始まり」としての「活動」=「行為」の議論を展開した。このふたつの叙述が無関係であるはずはない。そのために、多くの論者がここにこそアーレントの政治思想の核心があると考えているし、わたしもそのつながりの重要性を確信している。しかし、ここでは、アーレントという「政治的思考の場所」にとってもっと重要だと思われるもうひとつのコンテクスト、すなわち「政治は《あいだ》にある」というアーレントの発想について、いま少し踏みこんで考察することにしよう。そのさい、あえていま述べたような実存主義的解釈から距離をとり、「共和主義」的解釈として対置できるようなアプローチから見ていきたい。

晩年のあるシンポジウムで、アーレントはつぎのように述べた。「生涯にわたって、ひとはふたつの異なる存在秩序のあいだを絶えず行き来します。ひとは、自分自身の所有する領域で動き、また、自分と対等のひとびとと共通に分かちあう領域で動きます。〈公共善〉、すなわち市民の関心事は、われわれが所有することなしに共通に分かちあう世界に位置するからこそ、共通の善なのです」〔強調はアーレント〕[35]。アーレントがここでくりかえしているのは、ひとびとが所有する「私的なもの」と、所有することなく分かちあう「公的なもの」とを、思考のうえで厳密に区別せよ、という要請である。こうした要請を根底にすえた議論を、「レス・プブリカ」（res publica 公共のことがら）を原義とする古代ローマの共和政概念の意味をくんで、さしあたって「共和主義」的解釈と定義しておく。

もっともわたしは、ここでいう「共和主義」的側面をただちにアメリカ革命などの具体的リアリティに結びつけて、歴史的・系譜的に議論するつもりはない。また「制度論」に分け入る意志もない。もっぱら、アーレントがこの「共和主義」的な理解との関係のなかで、思弁的に《現われ》（Erscheinen, appearance）という概念をうちだしたという事情を明確に跡づけておくこと、そのことのみが重要だと考える。アーレントは『人間の条件』の公共空間論において、「公的なもの」とは、人びとが《あいだ》につくりだす「世界」であると同時に、「自分たち自身にも他のひとびとにも、見られ聞かれる現われ」であると指摘していた[36]。そして、わたしたちが見たり聞いたりするものを別のパースペクティヴから同じように「見たり聞いたりする他者の現前」が、わたしたちに世界と自分たちの存在の「リアリティ」を保証するとも述べた。つまり、そうした《現われ》こそが「リアリティ」をかたちづくるのである。さらに、『革命について』では、自由をリアリティとして経験しうるような公的な領域を「現われの空間」(space of appearance) と呼び、「政治」にかんしては「存在と現われは一致する」とまで断言した。(37)

ところで、この《現われ》という鍵概念をめぐっては、これによってアーレントの政治思想が『全体主義の起原』の時点から「後退」してしまったという高橋哲哉による批判が存在する。『全体主義の起原』のなかで行為の痕跡をことごとくうち消す「忘却の穴」の存在を指摘していたアーレントが、その後は逆に、「現われ」という概念を強調するようになった。このことのなかに、アーレントの政治思想における西欧中心主義がもたらした哲学的後退があるという。(38) 以下では、こうした指摘の是非も念頭におきながら、その概念の生成の「場所」を訪れてみよう。また、そのさいに、もうひとつの鍵概念としてわたしが多用することになるのは「対等性」という概念である。これは、近代的「平等」の概念とは区別されるものとして設定されていることを、あらかじめ付記しておきたい。

手順として、まずウルズラ・ルッツによって編集されたアーレントの遺稿集『政治とは何か』に収録されている一九五〇年のアーレントの「思索日記」(39) をいくらか詳しく辿ってみよう。そして、それとの対照において、アーレントの関心が成立しているコンテクスト、とりわけ『全体主義の起原』で表明された問題意識と「政治」との位置関係を問題とする必要がある。そこからアーレントという「政治的思考の場所」の内実にふみこんでみよう。

アーレントは一九四二年以降、「思索日記」をつけた。そのなかには、一九五〇年八月に書かれた「政治とは何か」と題される七頁にわたる手書き原稿がふくまれている。『全体主義の起原』の原稿を書きおえたのが四九年であり、ヨーロッパの哲学的伝統と政治との関係の検証を本格的に始めるのが、この「政治とは何か」が書かれた一九五〇年頃である。この未定稿はつぎのような一節から始まっている。

> 政治は人間が複数であるという事実にもとづく。神は**単数**としての人間を創ったが、**複数**である人間は、人間的な、世俗的な産物、人間的自然の産物である。哲学と神学はつねに**単数**としての人間をあつかうから、そしてそのすべての命題は、人間がたった一人であろうと、あるいはたった二人の人間であろうとも、あるいは単に同一の人間がいるようなことがあろうとも、正しいことになってしまうのであろうから、「政治とは何か」という問いにたいしては哲学的に有効な答えを見いださなかった〔強調はアーレント〕[40]。

一九五一年三月四日付のヤスパースあての書簡と、同年四月八日付のフェーゲリンあての書簡でも、アーレントは、「十分に練り上がってはいないけれども」と弁解をまじえながら、二人に向けて同じようなことを書きおくっている」(41)。アーレントの指摘は二点ある。そのひとつは、「単数としての人間」(der Mensch, man) の「全能」が「複数のひとびと」(die Menschen, men) を「余計者」(überflüssig, superfluous) にしたのではないか、それが全体主義のなかで遂行された「根源悪」の核心なのではないか、という想念である。もうひとつは、哲学が「人間が複数であるという事実」を適切にあつかってはこなかったために、「政治とは何か」という問いについても適切には答えてこなかったのではないかという疑念である。とくに後者は、この思索日記に見られる表現とぴったり重なっている。

後述するように、アーレントのいう人間の「複数性」(Pluralität, plurality) という概念の核心は、たんに人間が多数存在することにあるわけでも、またそれぞれの人間がたんに異なっているということにあるわけでもない。むしろ、相互に異なる複数の人間が《あいだ》の空間を創出しうるというその一点こそが重要である。アーレントのいう「政治」は、ひとびとを「関連づける」力としてつねに潜在している。だからこそ『全体主義の起原』でテロルによる「複数性」の破壊を分析したことが、「政治とは何か」という問いと連結する。すでに述べたように、テロルは人間が共に行為する空間を消滅させ、人間の有する「力」を消滅させるからである。「政治」は《あいだ》という「人間的なもの」をあつかう。

さきにあげた「思索日記」と同じ夏に書かれた『全体主義の起原』第一版の序文では、アーレントは、「反セム主義（たんなるユダヤ人憎悪ではなく）、帝国主義（たんなる征服ではなく）、全体主義（たんなる独裁ではなく）は、人間の尊厳が、新しい政治的原理、地上における新しい法においてのみ創設されうる新しい保証を必要とすることを示した[42]」と述べている。しかも、その「新しい法」は、「人類全体を包含しながらも、その力は厳密に制限され、新しく定義された領域的実体に根ざし、それによって制御されなければならない」という[43]。アーレントは、「政治および精神の世界のあらゆる伝統的要素」をひとつの「集塊」に帰してしまう、全体主義の隠れた構造を発見できるはずだという信念にもとづいて、『全体主義の起原』を書いた[44]。「集塊」化とは、すべてのものが明確な価値を失い、人間の理解能力からは認知できなくなり、人間の目的に使用できなくなるような全体主義の現象である。この集塊化のなかで、人間は人間であることの「保証」を喪失する。『全体主義の起原』には、伝統的「保証」がいかにあてにならないものになりさがったかということを白日のもとにさらそうとするアーレントの苦闘が刻み込まれている。その痛烈な自覚からアーレントにとって必要となってきた「新しい保証」とは、いかなるものだったのか。

「思索日記」の続きを辿ろう。

> 政治は相違するひとびとが一緒に共存するということをあつかう。人間が政治的に組織をつくるのは、絶対的な混沌のなかの、あるいは差異の絶対的カオスからの、あるきまった本質的な共通性に

したがってのことである。政治体が家族にもとづいて構築されたり、家族のイメージで理解されたりするかぎり、血縁的な類似性の程度というものが、一方ではもっとも異なるものを結合させるものとして、かつ、他方ではふたたび個人に似た形象を相互に際だたせるようなものとして力をもつのである。この組織形態においては根源的な相違性が効果的に解消され、しかも単数の人間を対象とするのであり、そうであるかぎり、あらゆる人間の本質的な対等性が破壊されている〔強調はアーレント〕」[45]。

家族から展開して構想された政治体においては、「根源的な相違性」が類似的親和性によって解消され、「人間の本質的な対等性」が破壊されてしまう。「単数」の人間が基盤となるような家族的共同体においては、「複数性」の条件、すなわち《あいだ》としての「政治」が成立しない。『人間の条件』においても、アーレントは人間の組織体や政治的共同体を家族のイメージで見ることを明確に批判している[46]。経済的に組織された家族の集合体は「社会」であり、その政治的組織形態は「国民国家」である。それらの集団の構成員にたいして与えられている平等は、「同輩すなわち同等のひとびとのあいだの対等性にはほど遠い[47]」。

『全体主義の起原』第三部『全体主義』の最終章「イデオロギーとテロル」には、モンテスキューの言葉にしたがって政体を分析した箇所がある。そのなかでもアーレントは、共和政においては、公的なことがらにかんして人間のあいだの力が対等であることを強調している。「共和国の市民の誇りは、公的なことがらにおいて他の市民以上の力をもたないことである」[48]。あるいは、「共和国において決定的な意義をもつ人間生活の基礎は、あらゆる人間が対等であるという経験である。この対等性に共和政の法律は対応する。そしてその対等性への愛に、共和政的な行為は由来する」[49]。さらに、「共和国が志向する基本的事実は、対等性である。しかも、この場合、公的行為を基礎づける政治的事実が問題となっているのであるから、それは神の前でのあらゆる人間の平等や、死の前でのあらゆる運命の平等ではなく、人間の力の対等性なのである」という[50]。「共和政の基本的経験は、対等の力をもった市民たちの共存であり、共和国における公的生活を支配する共和政的な美徳は、一人でいないことの喜びである。というのは、われわれが生まれつき対等であり、対等の力をあたえられているということでのみ、われわれは一緒に共存しているからである。一人でいるということはつねに同輩なしで生きていることを意味する」[51]。これら一連の省察に現われている「力」とは、ひとびとの「公的行為」によって《あいだ》に創出される「人工的」な「政治」概念である。それは、単数の人間によって「所有」されうるものではない。「思索日記」でアーレントはこう続けている。

家族のなかに複数性への関与（Teilnahme）以上のものを、すなわち複数性を能動的に分かちあうこと以上のものを見るかぎり、ひとは神を演じるようになる。つまり、自分が相違性の原則からあ

> たかも脱出できるかのようにふるまいはじめる。一人の人間をつくるかわりに、神のように自分自身の似姿として単数の人間をつくりだそうとするのである。しかし、実践的、政治的にいえば、家族はその具体的な意味をつぎのことから獲得する。つまり、個々のひとびと、すなわち、もっとも相違するひとびとにとって住処がないような場所として世界が組織されるということから、意味を獲得するのである。たしかに家族は、ひとが親和性をもちこみたいと思うような、荒涼としたよそよそしい世界における住処として、堅固な城として構築される。この欲望は政治的なるものを根本的に倒錯させる。というのも、それは複数性という基本的特質を捨てるか、あるいはむしろ親和性という概念を導入することになり、それによって政治的なるものを無効にするからである〔強調はアーレント〕(52)。

「複数性」は「所有」できるものではない。「家族」や家族の展開した組織体のなかで「力」を「所有」しようとする場合、ひとは「神」のように自分の「似姿」をつくろうとしてしまう。家族的な人間関係は、異なる意見が流入する場であるというよりも、親和的で単一的な意見が支配する場である。そこでは「もっとも相違するひとびと」、すなわち個々の人間の独自性は排除され、「複数性」という「政治的なるもの」にとって欠くことのできない特質は捨て去られている。

哲学や神学が知っている単数の人間は、政治においては、もっとも相違するひとびとが相互に保証しあう平等の諸権利においてのみ存在する——あるいは現実化される。法的に平等であることを要求する、この自由意志による保証と認知においては、かれら人間の複数性が、その実存を単数の人間の創造に負っているということである。人間の複数性は複数性そのものにこそ帰するものであるにもかかわらず〔強調はアーレント〕[53]」。

これに関連することなのだが、『全体主義の起原』第二部「帝国主義」の最終章で、アーレントは、「人権」概念のアポリアを分析している。それによれば、哲学および神学の伝統のみならず、近代の政治革命の自己理解も、「単数の人間」という発想をまぬがれていなかった。「人間の概念は、政治的に使用可能な概念となるためには、人間を複数として包括するものでなくてはならない[54]」。「神の前の平等」はすでに保証能力を失った。「法の前の平等」は人間じたいを権威の源泉とした。それによって人間は、いっさいの権威と条件から解放されたのだが、他方、その「なかに」あらためて権威を帰することができるような「人間一般」などはどこにも存在しない。それゆえに、近代革命が、なんらかのより包括的な秩序に関係なく自分自身のなかに尊厳を保持する「人間」、つまり「完全に解放され」「完全に孤立した」「人間」という存在をつくりあげたとしても、その「人間」は、すぐさま「人民の一員」へと解消されてしまうために、複数性は見失われる[55]。そこでは「人間の複数性」は、「人間」と「人民」が同一視されることによってかろうじて形式的に可能となっているだけである。「人間を複数として包括する概念」とは何か。「思索日記」にもどろう。

> 哲学が、政治の成立する場所をけっして見いだすことができないでいるふたつのもっともな理由がある。第一には、政治的動物（Zoon politikon）。あたかも単数の人間のなかにその本質に属するような政治的なるものがあるかのように。あいにくこれは正しくない。単数の人間は非政治的である。政治は複数の人間のあいだに成立する。すなわち、一貫して単数の人間のそとに成立するのである。したがって、本来的に政治的な実体などはない。政治はあいだに成立するのであり、関係として創始されるのである。……西洋の神話の内側での、政治のこのような不可能性から、もしも西洋的な脱出口をもとめるとすれば、それは、歴史を政治に変えたり代用したりすることである。世界史の観念によって人間の多数性は、一つの個としての人間に溶解し、そのうえでそれが人間性と呼ばれるのである。そこから歴史の法外さと非人間性が生まれる。これは、その終わりにおいてはじめて、完全に暴力的に政治そのもののなかで勝利をおさめる〔強調はアーレント〕[56]。

人間の「なか」に「政治」はない。個人のなかに政治的本質があるのではなく、「政治」はあくまで一人の「人間」の「そと」に、つまり複数のひとびとの《あいだ》に、ひとびとを「関連づける」ものとして成立する。アーレントは、俗流化されたアリストテレス主義を本質主義にすぎない発想としてしりぞける。人間が政治的動物＝ゾーン・ポリティコンであるということは、けっして人間がそのような本性をみずからの内に能力や本性として内在させているということではない。

「人間」が政治的なのではなく、複数として《あいだ》を成立させることが、アーレントにとってのもっとも「人間的な」ことなのだ。しかも、この空間はなんらかの個人に内属するものでもない。それは、アーレントがのちに強調することになる《世界》にほかならない。

アーレントは、人間が相互に「関係」をもたずに孤立する状況を、全体主義を生みだす土壌と考える。孤立した人間が無限に並存する状況においては、そもそも《あいだ》の空間など生じないばかりか、そういう《世界》がありうることすらも忘却されている。その「無世界性」を全体主義が襲う。全体主義のテロルは、人間と人間の《あいだ》の空間を完全に無化し、巨大なひとつの「人間」にした。その《あいだ》こそは、アーレントの意味する「自由」の存在する空間なのである。しかし、それは現代の発想では想像することさえ難しい「自由」となってしまった。

> われわれがある領域で、自分自身の衝動にかられることもなく、所与の物質にも依存せずに、本当に自由であるべきだということは、ほとんど具体化できないほど難しい。自由は政治に固有の領域においてのみ存在する。この自由からわれわれは歴史の〈必然性〉のなかに逃げ込む。これこそ厭うべき不条理である。(57)

「政治の意味は自由である」とアーレントはいう。(58)「意味」とは、目的手段関係とは別の「存在理由」である。「目的」が「そもそもそれを産出した行為が終わってから現実となる」のにたいして、「意味」は「遂行中に開示される」[59]。くりかえすが、「自由」とは、「相違」しかつ「対等」なひとびとの《あいだ》で行為できることを指している。それは、ひとが単数の「人間」としての自分自身の「そと」に出ることができるということであり、「複数性」を「共有」するということであり、さらには他者との交わりのなかで自分のかけがえのない「交換不可能性」を獲得できるということである。それを、アーレントは《現われ》(Erscheinen, appearance) としての《活動》(Handeln, action) と呼んだ。アーレントにとっては「政治」は《現われ》であり、「政治」にかんするかぎり、《現われ》がすべてである[60]。《現われ》こそは、「人間を複数として包括する概念」であり、「人間の尊厳」を「保証」するための装置である。「思索日記」はこうしめくくられている。

> 神の創造と同じくらい真理として自明な世界を産出することこそが、政治の課題であるという考えがある。ユダヤ・キリスト教的神話の意味においては、それは次のようになるであろう。つまり、神の似姿において創られた単数の人間が、神の似姿において複数の人間を組織するための生産力をも保持している、ということである。これはおそらく意味のないことであるが、しかし自然法思想の唯一可能な証明であり、正当化ということになっている。民族や国民あるいは人種といった相対的な相違よりも大きい人間の絶対的相違性のなかに、複数性のなかに、神による単数の人間の創造が含まれている。しかし、これをもってしては政治はなにも創らない。政治は最初から、関係的な対等性に目を向ける。そして同時に、関係的に相違するひとびとではなく、絶対的に相違するひと

びとを組織するのである〔強調はアーレント〕[61]。

「政治」は、関係としての対等性の問題である。関係的に相違するひとびとでなく、「絶対的に相違するひとびと」を組織する。ここから、アーレントの意図する「政治」が、「絶対的に相違するひとびと」を「関連づけ」、そうしたひとびとの《あいだ》に関係としての「対等性」をつくりだすことによって、それぞれの個々人の「交換不可能性」を保証することであると結論づけてもまちがいにはなるまい。

アーレントは、数々の論考で、「政治」が「真理」と対立するものであることを強調している。「政治」は「自明なもの」ではない。人為的なものであり、かつ誤謬の恐れのあるものである。「政治」的に最悪な事態は、人間が作り出した「虚構」が「真理」と混同されてしまうことである。「民族」も「国民」も、複数性を見失ったまま人間を組織化した結果でしかない[62]。とくに問題なのは、その「虚構」が組織化の結果生じているというだけにとどまらず、自己目的と化してしまうことである。「人種」は、「自然」をも産出してしまうような暴力的な虚構である。しかも、それは、疑似科学的な世界を組織的に作り上げてしまう。こうした「政治的なもの」の転倒や忘却を見据えたうえで、アーレントは「政治とは何か」、「政治にはまだ意味はあるのか」と問いつづけていた。

3 〈対等〉の条件

ところで、前節で確認したことをよりはっきりさせておくためには、あらためて対等性と平等との差異に留意しておく必要がある。『人間の条件』の第二章「公的空間と私的領域」の「社会の勃興」という一節に目を転じると、そのなかにはアーレントが、つぎのように述べているくだりがある。

大衆社会は総じて社会の勝利を告げている。それは社会が、社会の外に存立する集団がもはやまったくいないような段階に達したということである。しかし、いずれにせよ社会に特徴的であるのは、平等化であり、しかも、現代社会における平等の勝利は、つぎの事実が政治的かつ法的に認められたということにすぎない。すなわち、卓越性や特殊性が自動的に個々の個人の私的ことがらになるような仕方で、社会が公的領域を征服したということの承認である。社会に内在するコンフォーミズムのうえであぐらをかく現代のこの平等は、行動（Sich-Verhalten, behavior）が、人間的な関係性の序列における活動（Handeln, action）の位置にとって代わってしまったからこそ可能となっているのであるが、それは、われわれが古代、とりわけギリシアの都市国家から知っているような平等とは似ても似つかぬものである。(63)

アーレントにとって、近代の誕生と時を同じくして生まれた「社会」では、家政にかかわる行為や配慮、組織の形態が政治的領域の範型となる。アーレントによれば、こうした「社会の勃興」によって、古典古代にあった公的なものと私的なもの、個人の私的生活と市民としての生活の区別は、その意味さえ失われてしまった。

「対等」の条件は、条件の平等とは異なる。アーレントはトクヴィルと同様、大衆社会における平等化に全体主義の芽を見るのであるが、『全体主義の起原』第一部「反ユダヤ主義」第三章「ユダヤ人と社会」においても、政治的概念から社会的概念への「平等」の転化がはらむ危険性をつぎのように議論している。「条件の平等とは、たしかに正義にとって基本的に不可欠なものであるが、それにもかかわらずそれは、近代における人類のもっとも偉大な、そしてもっとも不確かな冒険のひとつである[64]」。

その平等が政治的組織、すなわち、その外では不平等なひとびとが平等な権利を有するような場である政治的組織を活動させる原理とみなされる可能性は、じっさい百分の一しかない。九割九分、それはすべての個人に生得のものと誤解され、皆と同じようである者は「正常」で、もし変わっているようなことがあれば「異常」だということになる。政治的概念から社会的概念への平等の誤用は、社会が特定の集団や個人にほとんど空間を残さないとき、さらに危険になる。というのは、そのときかれらの差異は、さらに人目をひくものとなるからである[65]。

「社会」では、人間関係の様式は「活動」(action) ではなく「行動」(behavior) となる。アーレントにとっては、「生命過程」を公的な領域に引き入れたものこそが、すべての出来事を国民的家政によって処理されるべきものとみなす「社会」にほかならない[66]。そして「大衆社会」は「社会の外に存立する集団がまったくいないような段階にまで達した」状況である。そうした「大衆社会」とほぼ誕生の時を同じくしたものが、人間の行動を類型化する行動主義的社会科学であった。アーレントは、「行動主義」という「科学」そのものが、画一的でステレオタイプ化された「単数の人間」を作る一因となっていると批判している[67]。行動主義的な思考のもとでは、人間の行為＝活動 (action) の意義はとうてい気づかれるはずもなく、「出来事はますますその意味を失う[68]」。

あるいは、アーレントは、『革命について』のなかでフランス革命とアメリカ革命を比較し、前者が「社会問題」の解決に、後者が「自由の創設」に力点をおいたと解釈している。対等性と平等の両概念を区別するとすれば、前者は平等を基底にすえた歴史的出来事であったのにたいして、後者のアメリカ革命は対等性を拠りどころとする企てであるという。フランス革命は、「貧困」という「社会問題」を中心に据えたために、革命的統治を「生命過程」を維持するという「必要性」＝「必然性」(necessity) にゆだねてしまった。「新しい共和国は死産であった[69]」。

アーレントが政治的原理としての平等、すなわち「対等性」を強調するとき、彼女がもとめているのは、「自然な」ものでも「自明な」ものでもない。むしろ、物理的な「自然」や「必然」を超えた何かである。「力」や「自由」と同様、「対等性」とは、個人が自分自身のなかに所有できるようなものではなく、ひとびとの《あいだ》の政治的空間の特徴のひとつである。そして、それは《現われ》においてはじめて可能となるものであった。こうした他者を必要とする《現われ》としての「活動」、あるいは「行為」がなければ、あるいは「複数性」が存在しなければ、「対等性」は成立しえなかった。

アーレントにおける「政治」的「平等性」を語るときには、「レス・プブリカ」だけでなく古代の「ポリス」をめぐる理解も欠かせない。その場合とりわけ重要なのは、「イソノミア」という概念である。このギリシア語には、今日では一般に「市民同権」あるいは「権利平等」などの訳語が当てられているが、わたしたちにとっては、アーレントがそれをどう解釈していたかが問題である。政治的現象としての自由がギリシアのポリスに始まったことにおおかたの異論はないであろう。とくにポリスとは、市民がその相互関係において支配‐被支配の観念を知らないような、黄金期のアテナイであった。この支配‐被支配のない市民間の理想的な統治形態こそが、「イソノミア」と呼ばれている。『革命について』でアーレントはこういっている。

ポリスの自己理解が民主主義であったと思うのは誤りである。ポリスの自己理解はイソノミアであった。……したがって、われわれがトクヴィルとともにむしろ自由への脅威とみなすことの多い平等は、元来ほとんど自由と同じだったのである。ただし、イソノミアの平等は、すなわち法律の枠内での平等は生活の条件の平等ではなく……対等のひとびとの平等だったのである。イソノミアが保証したのは、平等であったが、それはすべての人間が平等に生まれたからではなく、あるいは神によって創造されたからではなく、まったく逆に、人間が生まれつき等しくはないがゆえに、それゆえに、法律にもとづいて相互に対等になるために人間によってつくられた制度を必要としたからである。平等はこのもっぱら政治的な領域にのみ存在した。そこではひとびとは私的個人としてではなく、市民として集会するのである。この古代の平等概念と、ひとびとは平等に生まれ、社会と政治によって、つまり人間の作った制度によって不平等になるのだという近代的観念とのあいだの隔たりは、いくら誇張してもしすぎることはない。ギリシアのポリスの平等、すなわちイソノミアはポリスの属性なのであって、市民権によって平等性をうけとるひとびとの属性ではない。(70)

イソノミアはポリスの属性である。平等も自由も人間の本性に内在するものではなく、人間の努力と人間の作った政治的な「空間」としてのポリスの属性なのである。しかし、むろん注意しなくてはならないのは、ポリスの「対等性」といっても、それが「市民」の資格をもつ者に限られていたという点である。しかも、それが「空間」的な表現形式に結びつけられていたことには、つぎのような意味がある。

この政治的自由に決定的なのは、それが空間的制約をもつということである。ポリスを離れるか、あるいはそこから追放された者は、故郷あるいは祖国を失うだけでなく、そこにおいてのみ自由でありえた空間を失うのである。かれは対等のひとびとと分かちあう世界を失うのである。(71)

〈イソノミア〉はすべての者が法の前で平等であるということを意味するのでもなければ、法がすべての者にとって平等であるということを意味するのでもない。むしろ、すべての者が対等に政治的行為を主張しうるということである。そしてこの行為はポリスにおいては何よりも、相互に語るという行為であった。(72)

「対等性」が《現われ》であるかぎり、他者によって見られ聞かれる行為によって相互にみずからの「交換不可能性」を確保していくことと不可分であるかぎり、「行為」と「空間」がその条件となる。たとえば亡命者が故郷を失うということは、その「空間」の属性、すなわち「自由」や「対等性」を同時に失うということである。しかし、アーレントは普遍的市民権を称揚しているわけではない。マーガレット・カノヴァンも、古典的共和主義の伝統に着想をえた近現代の政治思想家の大部分が、市民権の拡大によって共和主義の改新をめざすのにたいして、アーレントはそれとは異なる方向性を志向していたとはっきり指摘している。「アーレントの立場を際だたせていることとは（そして読者をもっとも困惑させている彼女の著書の多くの箇所は）、〔市民権の拡大という〕この方針について彼女が重大な懐疑をいだいていたということである。彼女には、平等な市民権をすべての人間に拡大するのはまったく容易ではないと思われた。生まれながらの平等への一般的な近代的信念は、これを容易にしたのではなく、かえってそこにふくまれる問題性を曖昧にする傾向があった(73)」。

アーレントは普遍的市民権によって「政治」が空洞化することを恐れた。さきに見たように、「対等性」はひとびとが行為によって《あいだ》を創出することによってのみ、実現される。アーレントにとって「人間の保証」が可能となるのは、固定された「境界線」にしたがうことによってでも、またそれを解体することによってでもない。それがかろうじて可能になるのは、むしろあらたに「境界線」をつくりだしていくことによってである。たしかに、「市民権」を拡大していくことが「悪」なのではない。その近代的普遍的思考によって、もうひとつの「普遍性」が忘却されてしまうことを彼女は危惧していた。それは、人間が「行為」によって《あいだ》を創出しうるということであり、「政治」ないし「政治体」が人為的なものであるという「政治的なもの」の了解の核心に通じる論点である。「民族」「伝統」「国家」が「作られた」差異であるという点をはっきりさせないまま、「人間一般」の「生まれながらの平等」がかかげられてしまったからこそ、「人種」という最悪の虚構が近代において勝利してしまったのだ。人間がみずから作り出した「虚構」が

「真理」としてかかげられることで、政治的破滅が招きよせられたのである。こうしてみると、アーレントが「思索日記」をつうじて、近代的普遍的思考が人間の「複数性」を包括しえなかったために生じた破局について考えつづけていたことは、疑いえないのではないだろうか。

『全体主義の起原』の時点から、「アウシュヴィッツ」の伝達不可能性を自覚しつつ掘りさげられていたアーレントの洞察は、それが「体験そのもの」ではなく、「危機意識」にうながされた政治的思考であることにその特徴があった。「政治」は、アーレントにとって、人間に「保証」をいかにあたえるのかという問題と不可分である。すでに述べたように、「政治」を《現われ》として把握すること、人間を複数的存在として適切にとらえなおすことが、彼女のあたえた答えであった。彼女はそれを、最悪の「虚構」を「真理」としてしまう怪物としての人間の、自己破壊にたいする対抗措置として選択したのであった。こうして「人間の目的としての対等性」[74]とアーレントがいうとき、《現われ》によって可能となる《あいだ》の創出、関係性の創出による「交換不可能性」の確保が念頭に置かれていたことを、けっして忘れてはならない。

彼女はいう。「われわれの政治生活は、われわれが組織化によって対等性をつくりだすことができるという想定のうえに成り立っている」と。なぜなら、「ひとは自分と対等のひとびとともに、ただ対等のひとびととともにのみ、共通の世界で行為し、共通の世界を変え、共通の世界をうち立てることができるからである。たんなる所与という暗い背景、われわれが変えることのできないにもかかわらず、ユニークな生来のものによって形成されているような背景は、政治的場面には異質なものとして入ってくる。というのも、あまりにもあきらかな相違は、人間の活動の限界を思いおこさせるからである。それは、人間の対等性の限界である(75)」。また、つぎのようにも記している。「共通の世界の外に住むことを余儀なくされたひとびとがいるということから起こる重大な危機は、かれらが文明のまっただなかにあっても、生来のもののなかに、差異のなかになげ返されているということである(76)」。これを排除の思考と見るか、それとも「対等性」の本質を把握しようとする思索と見るか。その選択は、読み手にかかっている。

アーレントが「野蛮人（バルバロイ）」を排除して成立した「ポリス」の例を好んでいたことはすでに指摘した。その場合、かれら「野蛮人」とは「自然（プュシス）」の記号であり、これにたいして「市民」とは作為性を暗示している。一見すると、たしかに問題の多い文明観にも読める。しかしこの選好は、かならずしもアーレントの「政治」あるいは「対等性」が、「ヨーロッパ」的同質性を当然の前提としているということにはならないはずである。むしろ、なぜそうした行為がなされていたのか、それは「人間の保証」を追求する議論にとって何を意味するのか、という注意深い考察が必要であろう。アーレントが「政治」から排除するとしているのは、「自然」だけではない。「真理」も、つまり「政治的なもの」の属性であるとアリストテレスによって理解されていた「真らしく見えるもの」とは根本的に性格を異にしている永遠の形相も、等しく排除されるべきであることを、忘れてはならない。

もっぱら生まれついたときの制約のなかでのみ生きなくてはならないという状態は、アーレントにとっては「人間の尊厳」を奪われることである。「人間の尊厳」はたしかに普遍的なものである。しかし、彼女によれば、「普遍的市民権」のような「虚構」をそのまま拡大したり、それを「真理」としてかかげていくことによっては、尊厳の普遍性は実現しない。人間の「保証」、すなわち人間の「政治的」対等性という保証は、他者を必要とする《現われ》のなかで、「絶対的に相違するひとびと」が関係を紡ぎだしていくことにおいてのみ、《あいだ》を創出していくことにおいてのみ可能となる。それは限られた「対等性」である。「生涯にわたって、ひとはふたつの異なる存在秩序のあいだを絶えず行き来する」。ふたつの異なる存在秩序とは、「自分自身の所有する領域」と「対等のひとびとと分かちあう領域」のことである。このふたつは「私的なもの」と「公的なもの」といいかえることもできる。こうした「共和主義」的区分は、以上見てきたような「対等性」のための《現われ》や《あいだ》の創出を念頭におくならば、つぎのような側面をあらわにするだろう。つまり、人間の「保証」のためにはひとびとと「分かちあうもの」、「公的なもの」を生みだしていかなければならないということを。アーレントは、もっとも「私的なもの」である「苦痛」の伝達不可能性を論じたときに、リルケが死の床で書いた「生とはそとにあること」という詩句を引いた(77)。この言葉にあるように、「そと」との「境界線」を行き来する可能性の有無こそが、アーレントが「断崖」から思考した「政治」の焦点であった。

第三章　アイヒマン論争と《始まり》

1　最後の語りかけ

モニカ・プレスナーは、ドイツ・ユダヤ亡命知識人との出会いを描いた一九九五年の著作、『ロングアイランドのアルゴー船一行』のなかで、一章をハンナ・アーレントにかんするエピソードに割いている。[(1)] 出会いの場所はニューヨークのユダヤ老婦人ユーリー・ブラウン・フォーゲルシュタイン、通称ブラウニー宅。ときは、一九六二年から六三年の冬であった。

『イェルサレムのアイヒマン』刊行の直前である。「今年の別荘生活(トウスクルム)では何を書いたのかしら」というブラウニーのいつもながらの質問に、アーレントはまるでとりつくろうかのように他のことを答えたという。アーレントは、ケーニヒスベルクの少女時代からの年の離れた友人であり、ニューヨークの亡命直後から「母のように」慕ってきたこの老婦人に、自分の仕事を隠そうとしていた。

彼女はそのとき、やがて『イェルサレムのアイヒマン』として大論争をまきおこすことになる重要な記事を書いていたのであった。

プレスナーによれば、アーレントは自分のアイヒマン裁判の報告記事が、ブラウニーの目に入らないようにと、必死になっていたようだ。フォーゲルシュタイン宅を辞した帰り道に、アーレントは「わたしはこの友情を失いたくないのです」と、率直に述べたという。しかし、アーレントの衝撃作に旧い友人たちが気づかないはずもなかった。『イェルサレムのアイヒマン』によって、アーレントはブラウニーをはじめ、ほとんどすべてのユダヤ人の友人を失っている。双方に大きな傷口を残しながらである。

本章では、アイヒマン論争のなかで沈黙をまもったアーレントがはじめて応答を公にした相手、友人ゲルショーム・ショーレムとのかかわりに目をとめて、何が二人の決裂点であったのかを見ていきたい。そのうえでさらに、そうした論争の《始まり》を、一九四〇年代に遡って考察してみようと思う。

一九六三年七月二〇日付のショーレムあての手紙で、アーレントはこう語りかけた。

あなたはどういう次第で、わたしの本が「シオニズムへの嘲笑」であるというお考えにいたりえたのでしょう。このようなことは、まえもって烙印を押され、だれもがそれにたいして心の準備ができているような意見ではないものを、ただ聞くという程度のことすら、シオニストのあいだでは忘れ去られてしまったと覚悟しなければ、わたしにはまったく理解できないことになってしまいます。(2)

これは、ゲルショーム・ショーレムへの個人的な語りかけのはずであった。『イェルサレムのアイヒマン』を「シオニズムへの嘲笑」と断じた長年の友人ショーレムにたいして、アーレントはここで、自分の発言の背後にある善き意図にうったえて、釈明しているようにみえる。しかし、まずはアーレントとショーレム、この二人の知識人の文化的位置の違いと、両者の出会いの消息を確認しておく必要がある。

ベルリンの同化ユダヤ人家庭に生まれたショーレムは、きわめて早い時期にユダヤ人としてのアイデンティティを獲得し、青年シオニスト運動のリーダーをつとめるようになった。かれは、一〇代のうちにすでに完璧にヘブライ語を習得している。ゲアハルトからゲルショームに改名し、二〇代半ば（一九二三年）にはイェルサレムに移住して、本格的なカバラ研究を創始する。

他方、アーレントもケーニヒスベルクの同じく同化ユダヤ人家庭に生まれている。しかし、彼女はユダヤ人であることを「自明のもの」としながらも、彼女の表現をかりるならば政治的には「まったくナイーヴ」に育ち、ドイツ哲学を専攻した。一九三〇年代に入ってからのドイツの政治的状況のなかで、はじめて「ユダヤ人として」政治に転じ、一九三三年に亡命している。

この異なった資質の二人を結びつけたのは、共通の友人ヴァルター・ベンヤミンの死であった。ショーレムがアーレントの仕事にはじめてふれたのは、アーレントがパリ亡命中に仕上げたドイツ・ユダヤ女性の伝記『ラーエル・ファルンハーゲン』である。もっとも、ショーレムは彼女の原稿を高く評価してはいたが、二人のあいだには、ショーレムとベンヤミンのあいだに存在しつづけたような深い知的交流は一度として生まれなかった。アーレントとショーレムはパリで何度か会っているが、もっぱらそれは、友人ベンヤミンの生活や行く末を気遣って可能な助力を手配するためであり、実務的なことがらを目的とした接触であった。

その一年後、ベンヤミンはついにスペインへの脱出を試みるが、失敗して国境近くでみずから命を絶った。悲報をショーレムに知らせる役割は、アーレントが担わなければならなかった。その後、ベンヤミンの遺稿のとりあつかいなどをめぐって、二人のあいだにある種の信頼関係と結束が生まれ、ニューヨークとイェルサレム間で、書簡が交わされる。

しかし、つねにショーレムにとってアーレントは、「ユダヤ的なるもの」の理解に欠ける困った友人であった。アーレントがヘブライ語を不得手としたことも、その一因であろう。アーレントのほうは、この年長の優れた専門家を尊敬しながらも、政治的考察にかんしては、アメリカ合衆国に亡命して以後の著作活動のなかで、ショーレムからの影響を少しもうかがわせることのないような独自の道を進みはじめる。ショーレムにすれば、ことわりもなく、といったところかもしれない。ショーレムには、一九四五年の時点ですでに二〇年以上イェルサレムに住み、政情不安のなかでヘブライ大学を率い、カバラ研究所を創立したという自負がある。ナチスへの抵抗運動にくわわっていた兄はドイツの強制収容所で殺され、間一髪でドイツを出ることができた母はオーストラリアへ移住していた。他方アーレントは、一九三三年からの七年間におよぶパリでの生活と、五週間の抑留生活ののち、四一年にアメリカ合衆国に亡命した（当時三五歳）。そして英語を一から学びつつ、ユダヤ人知人のつてをたどりながら職を探し、ユダヤ系の新聞に論説などを書くことによって政治の事象とかかわっていた。戦後も、ハイデルベルク大学などからポストを提供するという申し出があったにもかかわらず合衆国にとどまり、「政治理論」を仕事とする。

さて、今度は、二人の論争の消息について見ていこう。ショーレムは、『イェルサレムのアイヒマン』以後しだいに険しくなっていく二人の関係について、批判を書いた一九六三年六月二三日付の自分の書簡を公表したいと申し出る。アーレントは「三人称に書きかえない往復書簡というかたちでなら」と、同意した。「この論争の価値はそれが書簡の持ち味をたもち、友情という基盤のうえでおこなわれることにあります(3)」という希望も申しそえられていた。往復書簡は、まずショーレムが個人名を削除するなどの手を入れたあと、テルアビブにある中欧出身の移住者協会の広報紙に公表された。さらに、ショーレム側がヘゲモニーをにぎるかたちで、『ノイエ・チューリッヒェ・

ツァイトゥング』にドイツ語で、ヘブライ語で『ダーヴァール』に、そして英語で『エンカウンター』に発表される。しかし、アーレントのつつましい希望にもかかわらず、この経緯のなかで、二人の亀裂は回復不可能なものになっていく。

書簡を公表したことが不本意な方向に展開していったことについて、アーレントはつぎのように書いている。「わたしたちの書簡の公表は例外的な行為であり、わたしたちの議論が〈ユダヤ地区〉の内側で展開するあいだは、わたしには異論はありませんでした」[4]。アーレントはその時点まで、『イェルサレムのアイヒマン』をめぐる攻撃のなかで、公的な発言は一度もしていなかった。長年の友人ショーレムからの依頼で、しかも移住者協会の広報であるからこそ、書簡の公刊に同意したのだという（意外な感もあろうが、公私の書簡やノートをほぼそのまま遺稿として残し、自分の死後に加えられる評価には甘んじて身をさらすという態度であったにもかかわらず、自分ではけっして自伝を書こうとしなかったアーレントである）。

くりかえすが、この書簡はもともとは個人的なものであった。しかし、ショーレムはそれを理解できない。「あなたは自分の本を、ユダヤ教徒あるいはキリスト教徒にたいしてではなく、公的世界一般に向けたはずであるのに、なぜあなたがその後で〈ユダヤ地区〉とそうでないものを分けるのか、わたしには理解できません」[5]。ショーレム自身の指摘どおり、たしかにアーレントは、アイヒマン裁判について、「コミュニケーション」の保証があるような均質的な共同体内部での語りかけではなく、そうした親密な共同体の外部にあって発言の責任を一身にひきうけるような種類の語りかけをおこなっていた。

アーレントが限定的に「アイヒマン論争」に応答していくのは、この書簡の公開以後である。ところで、公開された書簡のなかで、ショーレムは「あなたにはユダヤ人への愛が感じられない」と書き、アーレントは、自分は友人だけを愛するのであり、何らかの集団への愛などはもっていないと答える。(6) この点については、翌年一九六四年のテレビ・インタヴューで、インタヴュアーから「政治的に行為する存在としての人間には、ある集団へと結びつけられていることが必要ではないのか」、つまり政治的行為のためには「ある程度まで愛と名づけられるような結束感」が必要ではないのか、と問いかけられたときにも、アーレントは、政治においてはそのような「結束感」こそが不毛なのだと答え、「愛」あるいは「友情」と「世界への関係性」とを区別して語っている。発言にさきだって、「この点にかんしては長時間のコロキアムができる」とインタヴュアーに強調していることから見ても、アーレントの政治思想におけるこの問題の重要性はあきらかであろう。

ある集団に属するということは、まず自然の所与であり、ひとは生まれたときから、つねになんらかの集団に属しているものです。しかし、あなたが第二の意味で念頭に置いていらっしゃる集団への帰属、つまり組織を形成するということは、まったく別のことがらなのです。この組織は、つねに世界への関係性とともに成立します。そのようにして組織を形成するひとびとがたがいにわかちあっているものは、一般には関心（Interesse）と呼ばれるものです。「愛」を語ることができるような直接的で個人的な関係というものは、当然にも実際の恋愛においてもっとも広範に見られるものですが、ある意味では友情関係においても存在しています。その場合には、そのひとの人格が直接に、世界への関係性に左右されることなく論じられるのです。だからこそ、まったく異なる組織体に属しているひとびとが、それでもなお個人的には友人でいられるわけです。けれども、このことをとり違え、わたしをあしざまに表現するために「愛」を駆け引きの場にもちだしてくるならば、わたしはこれを大きな不幸だと思います。(7)

ひとが生まれたときから属しているような集団とは、家族、社会、民族などである。アーレントの意図する「政治的行為」は、そのような関係への結びつきから切断されたものであった。それどころか、政治的語りかけの行為においては、友情や愛が優先するような関係からあらかじめ離脱していなくてはならない。直接的に人間同士が向きあうそのような結束性は非政治的である。なぜならば、そこでは「語り」を必要としなくても「コミュニケーション」が可能となるような均質性と親密性が存在するからである。そのような関係のなかでは、語り手から聞き手への意思の伝達が保証されたコミュニティ内部の「コミュニケーション」がおこなわれているだけである。(8) 逆にいえば、もしその親密圏がたえず予測不可能な語りかけで中断されつづけるならば、その私的空間は破壊されてしまうだろう。

アーレントは、政治的行為、つまり組織を構成する語りかけ行為を、『人間の条件』のなかで「第二の誕生」と呼んだ。「言葉と行為によって、ひとびとは人間にかんすることがらの世界のなかに自分をさしはさむ。この挿入行為は、自分の生まれながらの自然的な現われの赤裸々な事実を確認し、その責任をひきうける行為、いわば第二の誕生のようなものである」[9]。この一見実存主義的な論調で説明される構成行為は、「世界への関係性」とともに遂行されるものである。「世界への関係性」(Weltbezug, relation to the world)とは、「世界」に結びついていくことである。「世界」がひとびとを関連づけている。さきに引いたインタヴューでは、アーレントはインタヴュアーが確認を求めるのに同意して、この意味での「世界」を「政治のための空間」と定義している[10]。アーレントにしたがって、それこそが、「関心」(interest)によって組織される世界であると同時に、「中間に介在するもの」(inter-est)[11]ともいいかえられるような《あいだ》であることに留意しておこう。

「愛」が媒体となるような関係性と「世界」が介在する関係性とは、まったく異質である。前者が一体感を要求するものであるのにたいして、後者では、ひとつひとつの語りかけが「世界への関係性」をそのつど、あらたに紡ぎだす。アーレントは「行為」を「始まり」と同義であるとする[12]。それは、「世界への関係性」の始まりである。「政治」のために重要なのは、注意深く検討すべき目の前の「世界」と、それを的確につかもうとする遂行的行為である。

アーレントは、「世界を真に愛する者」としてマキアヴェッリをあげたことがある。そのさい、「ヴィルトゥ」と「フォルトゥーナ」を、それぞれ「行為」と「世界」という言葉におきかえて解釈してもいる。[13]「行為」がなければ「世界」はなく、「世界」がなければ「行為」はない。あらゆる「主義」やイデオロギーはもちろんのこと、「愛」や、ときには個人的倫理さえも、「世界」を把握するにあたっての障碍となりうる。どれほど非難をあびようとも、アーレントは自分の「魂」よりも「世界」を優先させた。しかし、ショーレムには、それを理解することも、理解しようとする意志もなかったのだ。二人の決裂の核心がここにある。

2 「心」の役割

では、ここまで述べてきたアーレントとショーレムの論争について、他の論者がどのように問題をひきとっているかを、典型的な議論を選んで少しふり返ってみたい。というのも、この論争をめぐる評価はアーレントという政治的思考の場所の特徴を同定する重要な鍵だからである。ボニー・ホーニッグ、シラーズ・ドッザ、セイラ・ベンハビブの三つの仕事をとりあげよう。これらはどれも、それぞれに視角を異にしながらも、歴史の語りから排除されてしまうひとびとの記憶の側が意表をついて語りかけてくる場面を見失うことがない。それによって三者三様に、アーレントの思想をひきつごうとしている。

まず、アーレントのいう活動・行為のおびる「行為遂行的」(performative) 性格のうちに、闘技論的（アゴナル）な政治行為論への可能性を見いだすのがボニー・ホーニッグである。彼女は、さきにあつかった書簡におけるアーレントとショーレムの論争を、アイデンティティ・ポリティックス批判という視点から論じている。「アーレントの観点からすると、先行的に配分された不変のアイデンティティを土台としてみずからを構成している政治的共同体は、政治の空間を閉鎖し、政治的行為が前提とする複数性と多様性を、均質化するか、あるいは抑圧する恐れがある」(14)。ホーニッグによると、アーレントはショーレムのアイデンティティ・ポリティックスのなかに、行為を均質なものとしてコントロールし、独立した批判を沈黙させるような「潜伏する策略」を見たのである。しかし、他方ホーニッグにとっては、アーレントの戦略も十分なものとはいえない。なぜなら、アーレントはユダヤ人であることを、自明のことがら、「事実確認的」(constative) 問題とみなしているからである。「公的」にあつかうか「私的」にあつかうかという違いはあるにせよ、アーレントもショーレムもユダヤ人としてのアイデンティティを一義的で事実確認的な要素としてあつかっている点では同様である。これにたいしてホーニッグは、ユダヤ人としてのアイデンティティを「行為遂行的」なものとして把握するべきであると主張する。つまり、ホーニッグは、アーレントであれば「公的領域」を「防御」するために排除し、「私的」なものとして扱うことになった「ジェンダー」

などを、多様で「行為遂行的」な性格のものとしてとらえなおし、それを政治的闘技(アゴーネ)の場へもちだすという戦略をとるのである。ホーニッグによれば、ショーレム的なアイデンティティ・ポリティックスとの対決をさらに強めるために重要なのは、アーレントがそうしたようにそのアイデンティティを私的なものにすることではなく、均質的で単一的で、事実確認的に見えるアイデンティティが、じつは行為遂行的に生みだされていくものであることを暴露していくことである。

これにたいして、シラーズ・ドッザは、ショーレムとの論争は、アーレントによる「私的なもの」と「公的なもの」の区別という論点と、彼女の政治的判断力とを連関させたうえで把握しなければならないと強調している。(15) たとえばドッザは、典型的にはマキアヴェッリに認められるような倫理と政治を対置する構想こそが、アーレントによる道徳と政治との区別を理解するために意味をもつと考える。そのためにドッザは、まずは「善」の問題としてアーレントの『ビリー・バッド』論を検討した。そして、それを道徳的正義と政治的正義の葛藤にたいする考察であったと位置づける。邪悪の「クラッガート」を殴り殺した「ビリー・バッド」は絶対善として道徳的には正しいが、政治的正義は「ビリー・バッド」に死を宣告する「ヴィア船長」にある。同じようにドッザは、政治的領域において絶対的道徳を要求したロベスピエールにたいするアーレントの批判をとりあげ、ロベスピエールの暴力は、場合によっては正義が引き渡されるかもしれないコンテクストそのものを破壊してしまうという。これらの予備的考察を下敷きとして、ドッザは「悪」をあつかったアーレントの「アイヒマン問題」を位置づけたのであった。ドッザによれば、アーレントが「批判的判断」をおこなったのは「私的なもの」と「公的なもの」との区別に立脚した政治的観点からである。アーレントの批判者たちは、彼女の「公的な」判断を絶対的な道徳的判断として誤読し、アーレントがまったく述べていないようなことがらまでをそのなかに読み込んでいた点で、すでにその最初から不当であった、とドッザは強調している。

第三にセイラ・ベンハビブは、『イェルサレムのアイヒマン』を、むしろアーレントの著作のなかでもっとも強烈な「ユダヤ人としての仕事」だとみなすことで、大方の意表をついた地点から始めている。「そのなかで彼女は、道徳的にも認識論的にも、ユダヤ民族と提携したのである。ゲルショーム・ショーレムたちが〈ユダヤ人への愛〉がないとして非難したにもかかわらず[16]」。ベンハビブはアイヒマン問題においてはじめて、ユダヤ人社会とショアーの生き残りのひとびとのなかから、つぎの問題が噴き出したのだという。

いかにして、どのような言葉で、ホロコーストとその犠牲者の記憶を自分のものとしてもちいることができるのか。ハンナ・アーレントは、彼女の判断の多くがもつ論争性にもかかわらず、この方向で問題を立てることをうながした最初のひとりに含まれるといってよいだろう。アーレントは以下のような問題と直面していたのである。つまり、もしそのような人間がそもそもいるとして、だれが犠牲者の記憶を語るのか。そして、どのような言葉でそれを為すことができるのだろうか[17]。

ベンハビブにそくしていえば、アーレントの仕事の基底には、語りの主体が誰であるのかという問いが横たわっていた。つまり、そこには「犠牲者の記憶を語る」という代理行為者のあり方への執拗な方法的反省があった。

アイヒマン裁判は、イスラエル政府がアルゼンチンに逃亡中のアイヒマンを誘拐し、イスラエル法廷で、ナチスの一員アイヒマンのユダヤ人犠牲者にたいする罪を問うという、まさに記憶のアプロプリエイション（占有）にかかわる裁判であった。ベンハビブのいうように、たしかにアーレントはそのことについて異議申し立てをおこなったのである。『イェルサレムのアイヒマン』のなかでは、アーレントはそれを明確に表現しなかったが、ショーレムにあてた一九六三年九月の手紙ではこう書いている。

「ユダヤ人への愛」云々について。わたしは他の方向で答えることができるかもしれません。つまり、政治における〈心〉の役割についてです。今このことについて申し上げる余裕はありませんが、もしあなたに時間がおありでしたら、この問題についてわたしの考えを表明した、革命にかんするわたしの本の第二章をご覧になってみてください[18]。

ここで参照を求められている『革命について』（一九六三年）の第二章「社会問題[19]」を確かめてお

こう。そこでは、アーレントは、「自由の創設」であるはずの革命の目的が「社会問題」、すなわち「貧困」の解決に転じてしまい、「必然性」という暴力に押し流されるという。またその変質過程において、「同情」がいかに大きな役割を演じているかということを論じている。このくだりは、フランス革命史研究においても、ルソー研究においても、「社会問題」を政治から排除してしまったという点で、多くの専門家から集中砲火をあびた評判の悪い章である。しかし、イスラエルの問題やショーレムとのやりとりを念頭におきながらそのテクストを読み返してみるなら、この論争に思いがけず新しい光を投げかけることができる。アーレントがショーレムに伝えたかったのは、はたしてどのような「〈心〉の役割」であったのだろうか。

　アーレントは『革命について』の当該章の冒頭に、「不幸なひとびとは地上の力である」というサン゠ジュストの言葉をおいた。アーレントによれば、ルソーとロベスピエールに代表されるフランス革命の当事者たちは、自分たちが「不幸なひとびと」と名づけた貧民大衆やかれらにたいする「同情」を、いわば地球の蝶番をはずすための地球外の支点、すなわち「アルキメデスの点」として発見した。しかし、「他者の窮状がかれ〔ルソー〕の心を奮起させたとき、かれは他者の受難によりもむしろ、自分の心のなかの問題に深く巻き込まれていった[20]」。つまり、「アルキメデスの点」は自己内省的にもちいられたのである。「かれはアルキメデスの点を発見した。しかし、それをかれは自分自身にたいしてもちいた[21]」。アーレントは『人間の条件』のなかでこのカフカの言葉をかりて、自己内省化する近代哲学と「世界疎外」とを分析したが、それとほぼ同じロジックを、フランス革命をめぐるひとびとのなかにも見たのである。

『ビリー・バッド』や、『カラマーゾフの兄弟』の「大審問官」においては、他者の苦悩そのものに向かうがゆえに無言である「同情」の行為は、「心」の領域に転移されたとき、突然能弁になる。[22] アーレントは、無言の行為であったはずの「同情」が、情熱的な「心」のなかの感情、際限のない情緒である「哀れみの情熱」になることの意味を見逃さない。そうなれば、この情熱は、問題をひとびとのあいだに共通の関心事として提示することができない。それとは違って「連帯」は、たとえ他者の「受難」から生じたものであっても、その「受難」に導かれることはない。「連帯」は、ひとびとへの「愛」によって突き動かされるのではなく、ひとびとの「身ぶり」にまなざしを向け、そこに結びついていくのである。それにたいして、「哀れみの情熱」は、強者と弱者を対等の目で見ない。つまり、それは「不幸なしには存在しえなかった」のである。アーレントは、フランス革命において「哀れみの情熱」および「自己愛」が演じた役割と、すべての「現われ」を偽善として暴いていくロベスピエールの暴力との協働関係を重視している。[23] 政治が「心の問題」になったとき、すべての語りは信仰告白＝〈クレードー〉を要求される。しかも、「心」のなかは見えないから、すべての語りは偽善として疑われる。

あたかもデカルトの懐疑――われ疑う、ゆえにわれあり――が政治的領域の原理となったかのようであった。なぜなら、ロベスピエールは、デカルトが思考の明確化において演じたのと同じ内省を、活動行為において演じたからである。(24)

政治に「愛」あるいは「心」の問題をもちこみ、語りの行為に〈クレードー〉を要求したときには、たとえ要求の動機が「善」から出たことであったとしても、均質的で自己内省的な暴力を生みだしてしまう。だとすれば、「受難」を「アルキメデスの点」としてはならない。それは「犠牲者」の記憶を占有することでもある。アーレントがショーレムにこの章を読んでほしいと呼びかけたことは、一見まったく無関係に思われる『イェルサレムのアイヒマン』と『革命について』が同じ問題系に属していることを示している。しかも、ショーレムへのこの呼びかけは、じつはアーレントがほぼ二〇年のあいだ、この友人に伝達しえなかったことを伝えようとした最後の賭けであった。いいかえれば、この問題はアーレントの政治理論の《始まり》とも連関していた。

3　削除された《始まり》

前節までに述べた問題をさらに別のコンテクストから考えるために、六〇年代の論争に先行する時期、つまり一九四四年から四六年の時期の二人のやりとりに、ステージを転じてみよう。

ヤング゠ブルーエルによると、一九三九年から四〇年の冬、アーレント－ブリュッヒャー夫妻はベンヤミンとともに、ショーレムの『ユダヤ教神秘主義の主潮流』を丹念に読んでいた。(25) 一九四四年、アーレントはショーレムのこの大著の英語版出版（一九四六年）にそなえて、書評原稿をショーレムに書きおくっている。書評は、一九四八年三月の『ユダヤ前衛』に発表された。(26)

この短いテクストは、アーレントが近代ユダヤ史をどのように理解していたのかを証言している。しかし、奇妙なことに、これまではこの書評の意味があまり留意されることはなかった。筆者には、ヤング゠ブルーエルも、『ハンナ・アーレントとユダヤ人問題』を書いたリチャード・J・バーンスタインも、この書評を的確に読んでいると思われない。むしろ、最初の本格的伝記を書いたヤング゠ブルーエルの影響が大きかっただけに、それ以後この書評についてふれるどのアーレント研究も、ほとんど一様につぎの論点を無反省にうけついでしまっている。ヤング゠ブルーエルの評価はこうである。

かれらはショーレムの著作のなかで一七世紀のサバタイ運動の歴史を学んだ。アーレントはのちにこの運動を「ユダヤ人の最後の偉大な政治的活動」、さらにはメシア的な神秘的伝統の産物と呼んだ。彼女は書いている。「それは現実と活動に全面的に関心をもったという点でユニークに見える。

……〔さまざまな神秘主義のなかで〕ユダヤ神秘主義だけが偉大な政治的運動をもたらし、じっさいの民衆活動にうけいれられる自己解釈をおこなったのである[27]」。

おそらくヤング＝ブルーエルは、アーレントがここで述べる「現実」や「活動」を、のちのアーレントの政治理論における語彙で読んでしまったために、勘違いをしている。ヤング＝ブルーエルは、アーレントがショーレムの研究書をつうじてユダヤ神秘主義に政治的活動の思想の可能性を見た、と考えている。バーンスタインも、ショーレムとアーレントの視点の違いを強調しながらも、この点にかんしてほぼ同様の見方をしている。

ショーレムが何よりも、のちのユダヤ人の宗教的生活を（意図せざる結果として）形成した、カバラ教義に鼓舞された宗教的運動としてサバタイ主義に興味をいだいたのにたいして、アーレントは神秘主義の教義が「じっさいの民衆活動」に翻訳されたことに焦点をあわせ、かつ強調しようとする[28]。

なるほど、アーレントはサバタイ派運動を「ユダヤ人の最後の偉大な政治的活動」と書いてはいるし、それが「現実」と「活動」に関与するものであったことに注目している。しかし、アーレントはそこに彼女が『人間の条件』において追求することになるような意味での「政治的」可能性を見たのではない。むしろアーレントは、神秘主義思想から出たその政治的活動がユダヤ人の自己理解にあたえた影響を、そしてなおもそのなかに作用しつづけている影響を、歴史的に問題にしたのである。

一九世紀には、ユダヤ人の歴史は歴史の犠牲者のそれとして書かれていたために、行為の歴史であるサバタイ派運動やそれを生みだしたユダヤ神秘主義は、この支配的解釈の障碍として無視されていた。そのようななかで、ユダヤ神秘主義の姿をあらたに提示し、その意義を再発見したショーレムの仕事は、「ユダヤ人の歴史の全体像を変えた」というほどに画期的なものであった。アーレントがその著作に感銘を受けたことはまちがいない。ただしアーレントは、それを独自の方向で解釈した。たとえば、カバラ主義においては宗教的戒律は「秘儀」の遂行のなかではじめてあたえられる。そこにショーレムは、宗教的ユダヤ人が世界のドラマにおける「俳優」となる可能性を見た。それにたいしてアーレントは、タルムードの大部分を構成する古代ユダヤ人の注釈が「秘儀」へとかたちを変えたことは、目に見えない「隠れた」力や、人間の理解を超えた「運命」への民衆的想像力を高めたという点を重視した。「秘儀」は、選ばれた少数の者にしか開示されない。それにもかかわらず、「神秘思想は少数の者にのみうったえたのではなく、逆に、民衆に大きな影響力をもったのである。神秘思想は、自分たちの解釈はだれにでも理解できると主張した学識のあるラビや哲学者による教えよりも、はるかに多く、大衆にうけいれられたのである」(29)。アーレントはこのような状況が、ひとびとに、運命を変えることへの断念と「理解できない力に翻弄される無力な犠牲者」という自己理解を提供することになったと述べる。

さらにアーレントは、神秘的経験が実験的な特徴をもつことについて、そして「もっとも内奥の力」とそこで経験される「現実」についても論じている。解釈や論理によってではなく、内的経験によって「現実」にアプローチするということは、「自分の魂への関心というかたちをとる。心理的経験はくりかえされうるし、無限に試すことができるからである」(30)。ここでアーレントは、デカルトをひきあいに出して、「思考の内的経験が存在の現実性の証明になる」とする点で、ユダヤ神秘主義と近代科学との類似性まで指摘している。くりかえすが、アーレントは、サバタイ派運動の「現実」と「行為」の神秘主義的特質と、それが民衆にたいしてもった感化力を問題としていた。この神秘主義の潮流は、ユダヤ人の自己理解に、あらゆる宗教的迫害よりも大きな影響をあたえたのであった。一九四四年にショーレムに送った原稿そのものを見てみよう。

われわれの歴史の行為におけるすべての意志と政治的実現が、神秘思想のなかで培われ、表現されてきたという事実に感銘をうけたとしても、われわれが忘れてはならないのはつぎの事実である。つまり、最終的に自分の政治的運命を決定するのは人間なのであり、ショーレムがその破局的筋道をあきらかにした「目に見えない潮流」ではないということである(31)。

アーレントは、「目に見えない潮流」ではなく、人間の行為が政治的運命を決めるのだと強調する。しかも、その行為は内的経験へと向かう神秘的なものであってはならない。とくに後年の彼女の思想的格闘の主題を考えれば、この一節は、それからのアーレントの政治理論の「始まり」を宣言したものともいえる。ところが、この結語は、一九四八年に発表された書評のなかでは削除されてしまっている。削除の背景には、まず、ショーレムからの直接の抗議があった。

ショーレムはこの書評じたいを評価しないわけではなかった。たとえば、一九四四年三月には、知人アドルフ・S・オーコあての手紙で、アーレントを賞賛するとともに、彼女の書評は公刊されるべきだといっている。[32] しかし、四五年一二月一六日付のアーレントへの手紙で、この結語については、「歴史の経過についての自分の見解を非難するもの」と述べ、その批判を「ただ生真面目に拒否したい」と書いている。そして、「あなたは、わたしが力をふりそそいで書いたあとがきのなかにも、十分な根拠を見いだしてくれなかったのですね」という。[33] ショーレムが指しているあとがきの言葉とは、以下のとおりである。

亡命の歴史全体よりも、いま、おそらくより深くユダヤのひとびとを激震させている大変動のなかで、運命がまだわれわれに用意しているかもしれない神秘的筋道――そして少なくともわたし自身は、そのような筋道があると思っているが――について語ることは、預言者の使命であって、学者の使命ではない。[34]

このやりとりが交わされたのは一九四四年から四五年という時期である。そして、これは、おりからあきらかになったショアーの衝撃にたいして二人がとった態度の相違を、端的にあらわしている。「最終的に自分の政治的運命を決定するのは人間である」というアーレントの解釈を、ショーレムは絶対にうけいれることができない。アーレントの発言は、人間に、出来事の理解と行為の可能性にたいする責任を帰することである。受難史以外の歴史を否定する正統派からは距離をとり、ユダヤ人の政治的運動と神秘主義の潮流を忘却のなかからつれだしてきたショーレムであっても、「見えない運命」は前提とされている。もっとも、アーレントがその一節を削除したのは、もっぱらショーレムのこの一言によるものだと断じてしまうのは早計かもしれない。この時点においては、ショーレムはまだ彼女に友好的で、以前アーレントが働いていたパリの「ユース・アーリヤ（パレスティナ移民青年団）」でふたたび働く気があるかどうかを尋ねたりするような関係にあった。

しかし、論争は、たしかに始まっていた。アーレントはすでに一九四五年八月に、シオニズムへの痛烈な批判「シオニズム再考[35]」を発表していた。

この論文は、一九四四年一〇月にアトランティック・シティで開かれた会議において、アメリカのシオニストが右派・左派に関係なく、パレスティナ全土をユダヤ国家にするという要求を採択したことに異議を申し立てていた。この会議の決議採択は、アラブ人をほとんど無視し、アラブ側との対話を放棄するものであった。アーレントはユダヤ人と非ユダヤ人との差異を絶対化するイデオロギーに警告を発した。アーレントの診断によれば、シオニズムは一九世紀的な政治思想に完全に同化してしまっている。この部分だけでも十分シオニストの神経を逆なでしたが、アーレントはそれにとどまらず、反ユダヤ主義についても、シオニストがとってきた態度を問題視し、この時点ですでにショアーにたいするシオニストの責任に言及していた。アーレントによれば、シオニズムは、ユダヤ人が反ユダヤ主義にたいして何をなすべきか、反ユダヤ主義にたいしてどのような説明や闘争の可能性があるかという問いを放棄していたからである。

この問いにたいする答えは、ヘルツルの時代から、まったくの諦めとでもいったたぐいのものであった。それは、反ユダヤ主義を「事実」として公然とうけいれるというものであり、それゆえにすすんでユダヤ民族の敵と取引するだけでなく、みずから、反ユダヤ主義という敵意をプロパガンダとして利用することも含めた「現実主義的な」態度でもあった。ここでも、修正派と一般シオニストのあいだの差異は見いだしがたかった。修正派は、ポーランド政府から国際連盟の前でのシオニストの過激な要求への援護を得るために、さらにそのことによってイギリス政府に圧力をかけるために、反ユダヤ主義的な戦前のポーランド政府とのあいだで百万人のポーランド・ユダヤ人の国外退去の交渉に入ったという理由で、他のシオニストから激しく批判されていた。しかし、他方、一般シオニストたち自身といえば、移送問題についてドイツのヒトラー政府と絶えず接触を保っていたのである。(36)

反ユダヤ主義をユダヤ人につきまとう永遠の現象とする見解は、現実の闘争からの避難所にほかならない。アーレントによれば、こうした歴史観こそ、現状にたいするユダヤ人の闘争の放棄である。それはまた、「選民思想」の裏返しであり、ユダヤ民族の歴史を周囲から切り離して特権化することでもある。

エトナ・ブロッケは、ショアーの表象不可能なほどの「途方もなさ」を突きつけられた直後に、なおもアーレントがこのような論文を書いたことを批判している。(37) ゲルショーム・ショーレムも、ほぼ全面的訂正をうながす反論の手紙を書いた。アーレントがそこで展開したシオニズム批判の詳細が適切かどうかは、小論の守備範囲を越える。しかし、いずれにせよ、このアーレントの論考があきらかに告げていることがひとつある。それは、ショアーの犠牲者とシオニストあるいはイスラエルとは、まったく別の存在であるということだ。

ショーレムは、一九四六年一月二八日付のアーレントあての手紙を、「生きるか死ぬかの仲たがいをするつもりなしに」、彼女の「シオニズム再考」について、ともかく自分の意見を述べなければならないという「尋常ならざる状況」のなかで書いた。(38) ショーレムによれば、アーレントの論文は、パレスティナに住むユダヤ人を嘲笑するものであり、事実に反するばかりでなく、あらゆる反シオニズム的議論を動員した「政治的に愚かな言動」である。ショーレムは、アーレントのシオニズム批判を、それまでの自分の生き方を全否定するものとしてうけとった。ショーレムは、新しい状況のなかでそのつど現われる「永遠の」反ユダヤ主義の存在に言及しながら、「わたしにとっては国家の問題はまったくどうでもよいことです。ユダヤ民族の再生が、その政治的組織に依存するだけでなく、それどころか社会的組織の問題にも左右されるとは、思わないからです」という。「ゲシュタポからユダヤ人を買う」という「移送業務行為」によって、「ベンヤミンの命も救えたかもしれない」とまで書かれたこのパセティックな書簡について、ここでこれ以上述べることは控えよう。ただ、最後の一文でショーレムはこう書いている。

宗教的な反動者として、わたしはあなたが心を改めることだけを望みます。あるいは、老ブーバーが光り輝く形式でいいかえた言葉をかりるなら、翻意を！(39)

ショーレムの呼びかけもアーレントには効果がなかった。アーレントはつぎのように答えている。「悲しいかな、改心は、わたしには望みがたいことをご理解いただかなければなりません。あえて申し上げれば、ブーバーの言葉もあまり効き目がないでしょう。わたしには問題はむしろ、この無制限な正直さの応酬のあとに、わたしたちがおたがいにどのようにつきあっていくかということにあるように思われるのです。わたしはあなたのお手紙を本当に少しもいやだとは思いませんでした。でも、あなたがわたしの手紙にたいしてどう思われるかはわからないのです。結局のところあなたは男性ですから、生来（おそらく）傷つきやすいのでしょう。このような手紙を書いたからといって、どうぞお願いですから、わたしのことを熱狂的な正直者だとは思わないでください。わたしにとってはたいてい、人間関係のほうがいわゆる〈腹を割った話しあい〉よりもずっと大切なのです。今回の場合、あなたはわたしを過度に挑発しました。今回はわたしのように、つぎのような態度をとることにしていただけないでしょうか。つまり、ひとりの人間はそのひとの意見よりももっと価値があると考えていただきたいのです。人間は考えたりおこなったりする存在以上のものであるという簡単な理由からです[40]」。

4　政治的思考のために

これまで叙述してきたように、アーレントは、一九四八年に『ユダヤ神秘主義の主潮流』の書評をしたさい、「人間の政治的運命を決定するのは、ショーレムがその破局的筋道をあきらかにした〈目に見えない潮流〉ではなく、人間である」という一節を、ショーレムの批判をうけて削除した。それは、「シオニズム再考」をめぐって友情関係が危機に陥ったことからの、配慮の結果であったかもしれない。しかし、アーレントは引き返さなかった。ショーレムに書評を送ったのと同年に書かれた「カフカ論[41]」などは、アーレントの政治的思考が「全体主義」の戦慄からだけでなく、いわば「聖なる歴史」であるユダヤ的「主流」への批判からも始まっていることを示している。現に、カフカ論でのつぎの一節は、あきらかに削除された節の反復ではないだろうか。

生がいずれにせよ不可避的に、また当然のこととして死によって終結するのであるかぎり、ともかくつねにその終わりは前提とされうる。自然の道筋はいつも破滅の道筋であって、みずからがふくむ法則の必然性に盲目的に身をまかせるような社会はつねに破滅するのみである。預言者たちがいつも不幸の預言者であるのは、破局はつねに予告しうるからである。奇蹟というものはつねに救済であって、破滅ではない。というのは、破滅ではなく救済のみが、人間の自由と、世界とその自然的結末を変える人間の力にかかっているからである。(42)

この時期にアーレントが書いたものに、「人間の力」「意志」「自発性」を鼓舞する箇所が目立つのは、反ユダヤ主義を永遠のものとして受容するような潮流を意識しているからである。しかも、そうした折りにアーレントは、「受難」の特権化にもつねに警告を発している。たとえば、「隠された伝統」のなかのカフカ論で、アーレントはつぎのように強調する。

人間的な真なるものは例外のなかにはけっしてありえず、迫害された例外性のなかにもありえず、それはただ普通のもの、普通であるべきもののなかにある。(43)

アーレントは、『ラーエル・ファルンハーゲン』や『隠された伝統』のなかで頻繁にもちいていた、成り上がり者への対抗アイデンティティとしての「パーリア」という概念を、その後の政治理論のなかで、きっぱりと切り捨てた。それは、アーレントが、現代の政治的思考において、「永遠の亡命者」という神話がいかに暴力的な障碍になりうるかをいちはやく見てとったからでもある。アーレントは、「世界への関係性」の《始まり》の行為において、その行為以外のいかなる要素の特権化も避ける。「受難」を暴力的な自己内省化のための「アルキメデスの点」としてはならない。それが他者のものであっても、そして自分の受難であっても。そのようにしないことが、人間が複数の人間として関係を築くための試練であり、責任である。人間は生まれながらにして、あるいは自然本性的に政治的実体なのではない。政治の本質は、人間が複数の人間として、世界への関係を創設することにある(44)。

しかも、つぎの点を見落としてはなるまい。アーレントは一九四五年一月に出した「組織化された罪と普遍的責任」で、ナチスの犯罪をめぐって「人間であることを恥じる」という個人的表現から、それを人間の責任、人類の重荷として政治的思考に翻訳していくことの必要性を論じた(45)。その論文の末尾で、アーレントは、「われらの父、われらの王、われらは汝の前で罪を犯した」と唱えるユダヤの祈りは、かれら自身の共同体のなかで為された罪だけでなく、かれら自身にたいして為されたあらゆる人間的犯罪をも背負った、と解釈する。そして、もっとアクチュアルな感受性をもってこの道にしたがおうとするひとびとは、「ドイツ人の国民性のゆめにも思わなかった事態」にたいして、自分は「ああではなくてよかった」と安堵するのではなく、「人間はどんなことでも為しうる」ということを戦慄とともに認識しなくてはならない、と。アーレントにとってこうした危機を理解することこそが、「あらゆる政治的思考の前提条件である(46)」。

アーレントは、このような《始まり》から、『イェルサレムのアイヒマン』と『革命について』の「社会問題」の章を書くにいたった。一九六四年、アーレントは親友メアリー・マッカーシーに、自分は奇妙な陶酔感のなかで『アイヒマン』を書いたのかもしれない、と語っている。そして、それによって二〇年間背負ってきた重荷をおろしたような気がする、ともいっている。「これはわたしが〈魂〉をもっていないという証拠ではないかしら?(47)」――これは、論争のなかで公私にわたって攻撃をうけていた時期のアーレントの、自分へのアイロニーだろうか、それとも政治理論家としての確信であろうか。おそらく、その両方だろう。だが、これはあくまでも親友にたいする私的なささやきなのである。アーレントはそうした自己へのアイロニーを、「世界への結びつき」から完全に断ち切る。《始まり》は、しがみつくものを何ももっていない。

第四章　「木の葉」の《身ぶり》

1　《応答》としての《身ぶり》

一九四六年に英語版を、一九四八年にドイツ語版を出した「実存哲学とは何か」という論考のなかで、アーレントは、「英雄的な身ぶりがニーチェ以来哲学の構えとなったのは、偶然ではない」〔強調は筆者〕と述べた[1]。アーレントによれば、ニーチェの「運命愛」もハイデガーの「決意性」もカミュの「反抗」も、世界における故郷喪失という条件にある人間の不条理に屈しない対抗的な企てである。しかし、「それらは、存在のうちにかくまわれ安らいでいる状態への帰還による救済の試みにほかならない」。アーレントは自分の選択する道を、こうした「存在のうちへの安らい」を暗示するようなあらゆる可能性から区別している。ここにも、西洋哲学が根源的に人間の複数性をとらえることに失敗してきたことの、その蹉跌の深さを読みとることができる。ニーチェにおいてすら、ハイデガーにおいてすら、《現われ》のなかに立つという難題を適切に問うことができず、思考の隘路に陥ってしまった。アーレントはしたがって、これらの「英雄的な身ぶり」からはいかにも隔たった「身ぶり」を選びとることにならざるをえない。だが、それはいかにしてか。そして、何故に。

そのことを模索するためにも、本章ではさらに遠い回り道をたどってみよう。つまり、アーレントのある書簡の一節に、どんな神が宿っているのかを見てみたいのである。ときは一九七一年五月末から六月初めにかけて。その時期、ハンナ・アーレントは、メアリー・マッカーシーあてにつぎのように書いていた。

ここ数カ月のあいだ、わたしはいくたびも自分自身について考えたのです。風のなかの木の葉のように自由である、と（これは、frei wie ein Blatt im Winde というドイツ語の慣用句です）。そのさいには、ずっとつぎのようにも考えてきました。これに逆らって何かをしてはいけない、それはそういう風なのだから、「独裁的な意志」には口出しさせまい、と。(2)

一見すると、とるに足らない陳腐な発言である。しかし、ここから近づいていこう。じつは、公私の文書を探しても、アーレントが「自分自身について考えた」というように、これほど率直に日頃の想念を述べたくだりは、ほとんどない。たいていアーレントは、自分のことには興味がないと明言しているし、アイザック・ディネセンことカレン・ブリクセンを論じた文章のなかでも、人生における主要な罠は、自分自身のアイデンティティを深刻に考えすぎることだと述べていた。[3]自分自身にたいするアーレントのこの沈黙は、いかなる意味をもつのであろうか。これまでの研究史で指摘されてきたのは、それがアーレントの独自の政治理論に連動するものであったということである。アーレントは、公的活動を、背後の「自己」とは切断された仕方で複数のひとびとと共有する世界に「現われる」行為、つまりペルソナ（仮面）をつけた演劇的遂行的な行為としてとらえていた。公的活動や自由をめぐって、アーレントが政治的行為の演劇的遂行性を強調したことは、近年ますます注目を集めている論点である。そして、その場合、アーレントによる私的領域と公的領域の分断は、私的領域における人間の活動を暗がりに押しこめておくものとして、きまって批判的注釈がつけくわえられる。いずれにせよ、彼女は、ひとびとがもっぱら「自己」に関心をいだき、ひとびとの《あいだにある》（inter-esse）という意味での《世界》への関係を喪失していることに、ことあるごとに警告を発した。アーレントは、みずからの思想をひとつのかたちで実践していた。メアリー・マッカーシーにあてた同じ手紙のなかでも、やはり自己自身にたいする過剰な関心が「物語」を消してしまうと述べている。[4]

そうであるならば、さきの「風のなかの木の葉」という表現はどうとらえればいいのだろうか。それは一九七一年のことであった。その半年前に伴侶ハインリッヒ・ブリュッヒャーを亡くしたアーレントは、友人たちに支えられ、友人たちとの旅に励まされながらも、寂しい生活をおくっていた。とすれば、さきの言葉は、不確かな身辺に起因する寂しい心境の吐露であろうか。あるいは、全体主義と難民の運命を経験した自分自身をふりかえり、二〇世紀のさまざまな出来事を被ってきたわが身を述懐したのであろうか。それもありうるかもしれない。しかし、わたしは、一見いかにも陳腐なこの言葉は、そうした人生へのたんなる感傷にはとどまらないものではないかと思う。むしろ一見無害なこの「木の葉」の比喩から、アーレントという政治的思考の場所の大切な側面が見えてくるのではないか。この点をいま少し掘りさげて探ってみよう。

いま、風に舞う木の葉に自分をたとえたアーレントは、その時点を遡ること四〇年前に、一八世紀後半から一九世紀前半の時代を生きたドイツ・ユダヤ人女性ラーエル・ファルンハーゲンの「わたしは、傘ももたずに雨にうたれるように、人生にわが身をさらしているのです」(Ich lasse das Leben auf mich regnen) という《身ぶり》を引用している。[5] このラーエル・ファルンハーゲンの伝記を書くなかで、アーレントは、ラーエルの日記や書簡にもとづきながらその人生を物語ることによって、ひとつの歴史的な「生の連関」を模索した。その時期に属する一九三〇年三月二四日付のカール・ヤスパースへの手紙のなかで、こういっている。

ある特定のひとびとは、かれら自身の生のなかで（かれらの生のなかでだけであって、個人としてというような意味ではありません！）、かれら自身がその生の結節点や具体的な客観化となるほど、身をさらしているような気がします。……運命や、身をさらしていること、生という言葉で多少なりとも意味されるもの——それをわたしは抽象的にいうことはできません。むしろ、せいぜい例示してみせることができるだけでしょう。だからこそ、わたしは伝記を書こうとしているのです。ここでは解釈が、そもそも反復の意味をもっているのです〔強調はアーレント〕。[6]

多くのアーレント研究は、この伝記『ラーエル・ファルンハーゲン』を、若きアーレントがラーエルの人生を物語ることによってユダヤ女性としての生き方を模索したものとして位置づけている。たしかにそうかもしれない。ただし、アーレントが追求したのは、なにかそれ自体として存在するユダヤ的本質なのではない。そうではなく、彼女が視線をそそぐのは、その生の「結節点」や「具体的な客観化」となるような仕方で身をさらすラーエルの《身ぶり》にたいしてである。たとえ、アーレントのいう「反復」あるいは「解釈」において、ユダヤ女性であることの意味づけがなされたとしても、考察の対象はあくまでも「世界」にたいする《身ぶり》、すなわち《出来事》への《応答》としての《物語》であった。[7]「わたしは、ラーエルの実存をユダヤ的なものとして根拠づけようとしたわけではありませんでした」と断り、自分の試みは、「とりあえずのところ運命性とでも名づけうるような、ある実存の可能性が、ユダヤ人であるということを地盤として生じうるものかどうか」を示すことであるという。さらには、「この運命性は、根無し草であることにおいてこそ生じ、ユダヤ性から離脱することにおいてのみ、遂行されるのです」〔強調はアーレント〕[8]と続ける。

『存在と時間』におけるハイデガーの言葉を援用していえば、存在者について「物語りつつ報告する」ことと、「存在においてとらえること」とは別のことである。[9]ここでアーレントが「物語る」という人間存在の開示の仕方、つまりハイデガーによって存在論的にまったく不明瞭なものとされた「生の連関」の追求のほうを選択していることは決定的である。アーレントは、ユダヤ的本質や「本来的自己」ではなく、ラーエルの「語り」、すなわちそのつど変化する「結節点」や「具体的な客観化」であり、「世界」への《応答》でもある《身ぶり》を反復することをつうじて、すなわち物語ることをつうじて、ひとつの生のかたちを表現しようとした。ポール・リクールは、アーレントの選択をひきついだかたちで「物語的アイデンティティ」(identité narrative) の可能性を追求している。[10]かれは、恒常的に同一の (idem) 主体が措定される〈identité〉の概念にたいして、物語られることによって構成される「自己性」(ipséité) を対置し、「自己性」に「物語的アイデンティティ」を連結しようとする。リクールはこの「物語的アイデンティティ」を単独の個人だけでなく共同体にも適用し、アーレントに示唆をうけながらも独自の理論を展開したのであるが、わたしたちの文脈にとっては、〈identité〉に回収されない「そのもの性」としての〈ipséité〉にとどまり、ひとつひとつの《身ぶり》の単独性のあり方を追求することのほうが、重要であろう。

ラーエルの伝記にもどろう。アーレントが模索する「運命性」は、「意志」と融合する「民族」の運命や運命共同体という意味あいをもつものではない。アーレントが意図するのは、むしろ即事象的（sachlich）な「世界性」、あるいは「木の葉」と「風」の関係性とでもいえるような遂行性の次元である。「木の葉」の比喩がもちいられている手紙のなかで、アーレントは、「普通のひとびとの普通の物語」を語ることの意味についてふれ、「物語を語ることによる以外には、生とはどのようなものか、機会あるいは運命はひとびとどのようにかかわるのかを、言葉にすることはできません[11]」と述べていたこともつけくわえておこう。アーレントが「機会」あるいは「運命」という言葉をつかうときに念頭においているのは、彼女が解釈するかぎりでのニッコロ・マキアヴェッリの概念としての運命＝フォルトゥーナ（fortuna）である。というのも、アーレントは、マキアヴェッリが人間の政治的な特質とみなした力＝ヴィルトゥ（virtù）が、古代ローマの美徳＝ウィルトゥス（virtus）のような道徳的性格も、古代ギリシアの徳＝アレテー（arete）のような道徳的に中立的である卓越性の意味もふくまないことをくりかえし、つぎのように解釈しているからである。

〈ヴィルトゥ〉は人間によって奮いおこされる世界への応答である。あるいはむしろ〈フォルトゥーナ〉の星位への応答といったほうがよいだろうか。世界は、その星位のなかで、人間にたいして、すなわちかれのヴィルトゥにたいして開示され、現われ、その姿をさしだすのである[12]。

アーレントは「ヴィルトゥ」を「機会」あるいは「運命」に応答する人間の力とみなしている。しかも、「世界への応答」である「ヴィルトゥ」と「フォルトゥーナ」の「星位」とは、相互に欠くことのできない関係にある。人間による「世界への応答」は、「星位」のなかで人間にたいして開示される「世界」がなければ存立せず、「星位」や「世界」も、「応答」がなされなければ存在しない。物語るという行為と「世界」の星位のなかにある「生」も、同じ関係を構成している。たしかに、マキアヴェッリ自身はこの両概念を『君主論』でもちいており、「ヴィルトゥ」や「フォルトゥーナ」はその言葉の響きだけで英雄的存在という亡霊を登場させかねない。その場合には、アーレントは即刻ニーチェのいう「記念碑的歴史」の支持者にされてしまうだろう。しかし、それを、わたしがここで一貫してこだわってきた一節にある「木の葉の自由」と「風」におきかえてみたらどうであろう。一枚の木の葉がわが身を奮いおこして「世界」に《応答》するということが、彼女の思考の中心に浮かびあがってこないだろうか。

しかも、「木の葉」の《身ぶり》、すなわち「世界」にたいする「木の葉」の《応答》は、表層的な《遂行性》、いわば「表皮」の《遂行性》以外にはその存在根拠をもたない。それは、「木の葉」の《自由》が「独裁的な意志」の干渉をうけないというアーレントの信念の表明ともつながっている。

2　「木の葉」の自由

さきにあげたメアリー・マッカーシーへの一九七一年の手紙のなかで、アーレントは「風のなかの木の葉の自由」は「独裁的な意志」の干渉をうけない、と語った。この言葉にうかがえるような思考の息づかいは、一九三〇年にラーエルの伝記を書こうとした若きアーレントには見られない。これまで述べてきたように、すでにラーエルの生を「物語る」ことを選択した時点で、アーレントは「本質」ではなく、「身ぶり」のほうを考察の対象として選びとり、遂行性における「世界」への「応答」に着眼していた。しかし、そのさい、「応答」における「自由」や「意志」についての考察はまだ成熟していなかった。いいかえれば、ラーエル・ファルンハーゲンの生の物語を語り、「傘ももたずに雨にうたれる」と語った時点と、さらされてある「木の葉」の「自由」を語る時点とのあいだには、ひとつの断絶がある。そこに横たわっているものこそ、彼女が後半生をかける全体主義との思想的格闘である。

「風のなかの木の葉」のように「自由」であることに「逆らって何かをしてはいけない」。聞きようによっては、まことに陳腐な表現である。しかし、メアリー・マッカーシーあての手紙のなかで「独裁的な意志には口出しさせまい」という発言があとにつづくことによって、この言葉のもつニュアンスはがらりと変貌する。もちろん、そうでなくとも、「逆らって何かをしてはいけない」というくだりを、何もしないで流されるというふうに解釈することは、アーレントの思想全体をつらぬくコンフォーミズム批判を考えれば、あきらかに不適切である。ここでつかわれる隠喩としての「風」も、「世界」の「星位」を意味する「フォルトゥーナ」に近いものであって、けっして進歩や歴史のプロセスではない。くわえて、ここでは「独裁的な意志」にたいするアーレントの位置のとり方に留意しておく必要がある。アーレントは当時、『精神の生活』の第二部、「意志論」にとりくんでいた。[13] 意志をめぐる思索のなかで、彼女は、人間の能力としての「意志」の重要性は認めながらも、その枠組みとしての欠陥を徹底して解明しようとしていたのであった。

周知のように、『精神の生活』は、第一部である「思考論」とこの第二部「意志論」だけが、わたしたちの手元に残されている。第三部となるはずの「判断力論」は、アーレントの突然の死によって途切れたままになった。彼女のタイプライターには、「精神の生活　第三部　判断すること」という言葉とふたつのエピグラフが残されていただけである。そのひとつは、「勝利をおさめたことがらは神々を喜ばせるが、敗北したことがらはカトーを喜ばせる」という、ローマの詩人ルーカーヌスが『内乱記』で小カトーについて語った一文である。[14] そしてもうひとつは、ゲーテの『ファウスト』第二部からの、「もし、わたしの小道から魔法を遠ざけることができるなら／呪文をいっさい忘れてしまえるなら／自然よ、ただ一人できみに向きあえるなら／人間として生きる値うちもあろうものを」という一節であった。(15) メアリー・マッカーシーは、一九七〇年の「カント政治哲学の講義」が判断力論の主要な核であっただろうとみなしてはいるが、同時に、アーレントがタイプライターのページに書きこんだときすでに彼女の頭をかけめぐっていたはずの知の広がりが、およそ「講義」に集約できるものではないということを断言している。(16) マッカーシーは「書簡が編集されれば、もっと新しい何かが発掘されるかもしれない」といっているが、われわれは書簡と同時に、思考論と意志論や他の残された断片を丹念に読み、そしてなによりもエピグラフの意味を考える必要があるだろう。

さて、アーレントは、自分をこうした精神の考察へと向かわせたのは、アイヒマン裁判ととりくむなかで、アドルフ・アイヒマンにおける思考力の欠如に直面したことであったと表明している。(17) これをアーレントの「政治的なるもの」から「精神生活」への一種の「ケーレ（転回）」であったとみなす論者も少なくない。そのなかには、アーレントが「思考」を主題にすることによって、みずから決別したドイツ哲学の世界に舞いもどったのだとする批判もある。しかし、アーレント自身が強調したように、「思考」は職業的哲学者の特許ではなく、普通のひとびとがひとりひとりで日々おこなっている精神の営みである。(18) だからこそ、彼女はそうした精神生活と複数のひとびとが共有する「世界」との関連を考察したのである。たとえアーレントがこの著作において、大哲学者たちによる「思考」あるいは「意志」にかんする内省だけを吟味しているとしても、そのひとつひとつは二〇世紀の出来事の衝撃とけっして無縁ではない。

すでに第二章で詳しく見たように、アーレントの定義にしたがえば、「政治」は、相異なるひとびとが共に生きることにかかわることがらをあつかう。[19] いいかえれば、「政治」は「絶対的差異」のある複数のひとびとが共有する《あいだ》としての「世界」をかたちづくる。何のためか。アーレントによれば、そうした「政治」が存在する意味は、「自由」にほかならない。「政治の存在理由は自由である。そして、それが経験される場は行為である」[20]。アーレントがいう「自由」とは、ひとびとが「自由だと感じる」という意味での「内的自由」や「内面空間」ではなく、あくまでも他者と共有する「世界」における遂行性であり、ひとびとが具体的な場で経験しうるリアリティでなければならない。そのリアリティをイデオロギーとテロルによって破壊した全体主義的支配こそは、なによりも「自由」を根源的に否定したのである。[21]

今日わたしたちは、ともするとこの「自由」を、アーレントがいう意味での遂行的行為ではなく、むしろ「自由だと感じる」という内面的な経験の脈絡で理解してしまう。『過去と未来のあいだ』におさめられた「自由とは何か」という論考では、「政治」概念と意志論が「自由」の概念を軸として展開されている。そこでアーレントは、内的自由や非政治的自由の概念を思想史的に考察し、つぎのように指摘している。

もし、最初に、自由であることの条件を世界のなかでふれてわかるリアリティとして経験していなかったならば、人間は内的自由についてはなんら知ることはなかっただろう。われわれは自由あるいはそれの対立項を、まずは他者との交わりにおいて知るのであって、自己との交わりにおいてではない。(22)

アーレントがこの考察を導きだすのは、ギリシアのポリスの政治的経験を掘りおこす作業によってである。その文脈にそくせば、「自由」の経験を享受できたのは、オイコスすなわち家の経営の場から解放され、ポリスにおいて言論と行為によって対等性を享受できる特権階級の自由人のみであった。このことは、アーレントの政治思想を批判するさいの、現代の紋切り型の論点ともなっている。しかし、ここでの考察にとって重要なのは、「自由」が自己との交わりによってではなく、他者との交わりにおいて、他者との結びつきにおいて経験されるということである。いいかえれば、「自由」は、なによりもまず「世界」において「ふれることのできるリアリティ」として経験される。

西欧哲学の伝統のなかでは、哲学的自由の観念にせよ、自由意志の観念にせよ、自由は他者との交わりにおいてではなく、もっぱらみずからの自己との交わりにおいて探究されてきた。(23) 孤独（ソリテュード）のなかで真理を探究する哲学と、相異なる複数の人間が組織するがゆえに本来予測せざるものである政治とが、いかに相容れないものであるか。この対立は、古代ギリシアにおける哲学者の生とポリスの市民の生との敵対関係に遡る。重要なのは、「自由」が政治的経験であった古典古代にあっては、自由が哲学的に論じられることはなかったということである。自由が哲学の主要問題のひとつとなったのは、それがもはや行為することや他者との交わりのうちで経験されるのではなく、意志することやみずからの自己のなかで経験されるものに変わってしまったからであった(24)。

アーレントは、西欧政治思想が、政治的経験ではなく、観想的な生をいとなむ哲学の伝統によって紡ぎつがれてきたものであるとする。そして、哲学的に思索された「自由」が政治の領域に適用されてしまうところに深刻な陥穽があると洞察している。すなわち、その過程において、自由の理念は行為の領域から力としての意志の領域へと移動し、もはや具体的に経験される遂行性としてではなく、選択の自由としてしか理解されないようになってしまう。自由が他者と無関係になり、さらには独立した自由意志の理想である主権となる。アーレントは主権概念をこう批判する。

一人の人間ではなく、複数の人間が地上に生きているという事実によって規定されている人間の条件のもとでは、自由と主権はあまりにも異質であり、同時に存在することさえできないほどである。ひとびとが、個人としてであれ組織された集団としてであれ、主権的であろうとするところでは、自我が自分自身に強いる個人的意志か組織された集団の「一般意志」か、いずれにしても意志の抑圧に屈服せざるをえない。もしひとびとが自由であろうとするならば、主権こそが放棄されねばな

らないのである。(25)

なるほど、アーレントの議論はかなり強引である。しかし、「木の葉の自由」と「独裁的意志」の比喩は、この脈絡においてのみ、はじめて意味をもちうるのではないだろうか。アーレントによれば、意志と自己の関連はつぎのようになる。つまり、意志は、何を意志するにせよ自己に束縛されたままであり、自己からは解放されえない。意志は、「自己をめがけ、自己を鼓舞し、駆り立てながら、自己によって滅ぼされる(26)」。個人としてであれ、組織された集団としてであれ、自己に拘束される意志に根拠をおくならば、単一のコンテクストに閉じこめられてしまう。そればかりか、自己中心性の契機は、他者の自己、異なるあり方であろうとする自分の自己にたいしても暴政をふるうようになる。全体主義的要素は、哲学的伝統のなかにすでに存在していた。「独我論的自由の観念ほど恐ろしいものはない(27)」。「木の葉」が「自由」であろうとするならば、この意志こそが放棄されねばならなかった。

3　残骸の重さ

わたしは、アーレントのテクストのさまざまな襞のなかに埋没しそうになりながらも、アーレントの自画像であるかもしれない「風のなかの木の葉」という《身ぶり》を考察してきた。しかし、この物語はもうひとつ別の大きな襞へと移る。じつは、この《身ぶり》は事柄の片側しかいいあてはいなかった。同じ手紙のなかで、アーレントはメアリーにたいしてこう書きくわえたからである。

「風のなかの木の葉」にもう一度話を戻させてください。それはもちろん半分だけしか真実ではありません。というのは、他方に過去のすべての〈重さ〉があるからです。かつてヘルダーリンが美しい詩行のなかで語ったことがら、

Und vieles/Wie auf den Schultern eine/Last von Scheitern ist/Zu behalten
そして多くを／薪の荷を／肩に背負うがごとく／担っていかねばならぬ

つまり、記憶のことです。(28)

アーレントは logs と英訳しているが、Scheiter には太い木を割ってつくった薪という意味のほかに、破片あるいは難破船の残骸という意味がある。ひとつの「木の葉」が木の残骸を背負うように、アーレントは破片としての記憶を担うといっている。嵐にさらされている「歴史の天使」の顔は、過去のほうを向いている。一九六八年に書かれたベンヤミン論のなかで、アーレントは、ベンヤミンの思考が首尾一貫性をもつ合理的で弁証法的なそれといかにかけ離れているかを、「歴史の概念

について」（歴史哲学テーゼ）のつぎの一節で語っている。

歴史の天使は顔を過去へと向けた。われわれの目には出来事の連鎖が現れるところに、天使は比類なきカタストロフを見る。カタストロフは、たえまなく残骸のうえに残骸を積みかさね、天使の足もとに残骸の山を投げつけてくる。天使はおそらくいつまでもそこにとどまり、死者たちを呼び醒まし、こなごなになったものを結びあわせたいのだろう。けれども疾風が楽園から吹いてきて、天使の翼を捕らえた。その強さのあまり、天使はもはや翼をとじることができない。この疾風はとめどなく天使を未来へと追いたてる。未来に背を向けた状態の天使のまえには、同時に残骸の山が天まで積もっていく。われわれが進歩と名づけるのは、この疾風なのである〔強調はベンヤミン〕[29]。

ベンヤミンが見る残骸やアーレントがいう「過去の重み」は、合理的で弁証法的な語りをしりぞける。セイラ・ベンハビブも、こなごなになったかけらに意味を求めるベンヤミンの歴史の概念が、アーレントの語りの方法に大きな影響をあたえたと強調している[30]。一九五一年に公刊された『全体主義の起原』の英語版の序文で、アーレントは、全体主義を理解するとは、出来事がわたしたちに課した重荷を吟味しそれに耐えることを意味する、と書いた。所詮は他の仕方では起こりえなかったと諦め、それらの重さに従順に甘んずるということではない[31]。アーレントが直面した問題は、「保存したいのではなく、逆に破壊するべきであると感じることがらについて、つまり全体主義について、いかに歴史的に書くか」ということだった。[32] そのためには、因果関係を問うのではなく、連続性の連鎖を断ち切り、クロノロジーを破壊し、断片性が強調されなければならない。この意味において、アーレントは進歩のプロセスという暴力に抗するベンヤミンの思考を、そしてニーチェの言葉でいえば「記念碑的歴史」よりも過去を破壊し解体する「批判的歴史」を、選びとったといえる。

ベンヤミンは、一九四〇年、亡命途上のマルセイユで、親しい友人であったアーレント夫妻に「歴史の概念について」をふくむ草稿を手渡し、それをホルクハイマーやアドルノがひきいる亡命フランクフルト学派の拠点であったニューヨークの新社会研究所にとどけるように依頼した。アーレントとブリュッヒャーはニューヨークでの再会を約束してベンヤミンと別れたあと、ニューヨークへわたる船を待つあいだ、この「歴史の概念について」を声を出してたがいに読みあげ、議論しあったという。[33] しかし、再会はならなかった。スペインの通過ヴィザは得たものの、フランスからの出国ヴィザをもっていなかったベンヤミンは、密かにピレネーを越えるルートをとった。そして、たどり着いたその日に国境が封鎖され、通過ヴィザも有効ではないという知らせに絶望し、その夜、みずから命を絶ったのである。ベンヤミンのこの原稿は、一九四二年に新社会研究所の謄写版刷りで、友人たちに配布された。

『全体主義の起原』のなかの「帝国主義」の部で、アーレントは、一九世紀を支配した地球規模の膨張や進歩のプロセスと、それに対応する思考としての歴史哲学を論じるさいに、この「意図的に断片的にしか書かれておらず、多面的な暗示をふくんでいて難解をきわめている」ベンヤミンの「歴史の概念について」を引用し、つぎのように解説をくわえている。「ここでは疾風というイメージのもとに、プロセスとしての歴史はすでに進歩と没落という二通りの意味に解釈できるものとして見られている。それどころか、もっと正確には、進歩しつつある没落、あるいは没落へとすすむ進歩としてである[34]」。

また、アーレントは、『過去と未来のあいだ』の「歴史の概念」という論考において、近代に展開したプロセス（過程／工程）という概念が、自然と歴史の概念双方をテクノロジーという基盤において結びつけたといっている[35]。そして、このふたつの概念のいずれもが、近代の思考があらゆる事柄をプロセスの観点から考察していることを示していると指摘する。この観点からすると、単独の実在や個々の事柄の生起、それらおのおのの特殊な原因にはもはや関心がはらわれない。さらに、近代はこのプロセスのなかへと人間が「行為」することを可能にした時代であった。アーレントは、つぎのように連関づけている。

　近代の立場から見た歴史は、主としてはプロセスとして把握されたために、行為にたいして独特の、しかも行為を鼓舞するような親和性を示した。たしかに行為は人間の他のすべての諸活動とは対照的に、なによりもまずプロセスを開始させることを本質としている。[36]

『人間の条件』や『革命について』でアーレントが展開した政治理論において、人間の活動＝行為が最大の役割を果たしていることを顧みれば、この関連づけは重要である。なぜなら、こうした歴史や自然への人間の「行為」が全面的に展開し、それに論理的首尾一貫性がともなうようになった事態こそは、アーレントにとっての全体主義的支配の一要素であったからである。全体主義的状況においては、「プロセス」の首尾一貫性のなかにすべての個々の「行為」は吸収され、意味を失う。ひとつひとつの「身ぶり」、個々の「語り」、ひとりひとりの人間が危機にさらされ、プロセスは自動機械のごとき姿を呈する。時間は意味のない均質的なものとなってしまう。

アーレントは、『精神の生活』第二部「意志」において精神現象における「行為」の源泉としての「意志」を論ずるなかで、「意志」と「進歩」への共感をもって思想史をえがいた哲学者としてヘーゲルをあげている。そこでアーレントは、アレクサンドル・コイレに依拠しながら、過去についての哲学すなわちヘーゲルの歴史哲学が、「進歩」への信頼にもとづきつつ「過去以上に未来を優先した」ことを批判した。[37] そうした構想においては、過去は、想起する自我のまなざしによって内面化され、精神と世界の宥和が起こってしまう。アーレントによれば、ヘーゲルの「世界史」は「意志の王国」である「精神の王国」の展開であり、それが「わがものにできない」すべてのものは、歴史の過程や論証的思考の歩みにとって無意味で偶然的なものとして、歴史の向こう側におかれるのである。ここでのアーレントのヘーゲル解釈はかなり極端である。しかし、こういったヘーゲル批判があるからこそ、アーレントやベンヤミンが「記憶」とみなす残骸が、自我による内面的構成物ではなく、意志の展開である「世界史」によって無意味で偶然的なものとして葬り去られた《モノたち》であることが、いっそう確かになる。アーレントは「思考論」の最後部において、判断力が過去をあつかう能力であるならば、われわれは「歴史」という名の近代の偶像から人間の尊厳の返還を要求することができるだろう、と書き、さきにふれた「判断力論」のエピグラフのひとつと同じ言葉でしめくくっている。

老カトーは、こうした〔尊厳の〕返還要求にふくまれる政治的原理をうまく要約した奇妙な一節をわれわれに残した。「勝利をおさめたことがらは神々を喜ばせるが、敗北したことがらはカトーを喜ばせる」(Victrix causa deis placuit, sed victa Catoni)。(38)

4　「戦線」の超越、あるいは中断

カフカは、ある日の日記に、「未来が容量においてぬきんでている分を、過去は重量においておぎなっている」[39]と書いている。一九四〇年代のなかば、アーレントは当時勤めていたニューヨークのショッケン出版社で、ドイツ語版および英語版のカフカ全集の出版にたずさわっていた。とりわけ日記の英語版では、編集および翻訳もおこなっている。彼女は生涯にわたってカフカに共感をいだいていた。なかでもつぎの寓話は、過去と未来のあいだで思考する自我の現在を照らしだしたものとして、絶賛されている。[40]

かれにはふたつの敵がいる。第一の敵は背後から、すなわち、起源のほうからかれを押してくる。第二の敵はかれが前に進むのを邪魔する。かれはこのふたつの敵と戦っている。本来、かれが第二の敵と戦うときにはこの第一の敵がかれを助ける。というのは、この敵はかれを前へとおし出したいからだ。同様に、第一の敵と戦うときはこの第二の敵がかれを助ける。この敵はかれをうしろにひき戻すからである。しかし、そうなるのは理論のうえでしかない。なぜなら、そこにはふたつの敵だけではなく、かれ自身もいるからだ。そもそも誰がかれの意図を知っているというのだろう。とにかくかれの夢は、いつかかれが監視されていない瞬間に——ただし夜がいい、それもいままで一度もなかったような闇夜がいい——戦線の外へ跳びこえて、わが戦いの経験のゆえに、たがいに争うかれの敵たちの審判者となることだ。[41]

アーレントによれば、第一の敵は過去、第二の敵は未来である。この寓話は「出来事の継起がいわば宙づりにされた」地点で始まる。[42] アーレントにとって、カフカの描くこの「戦い」は、出来事とそれを語る物語のあいだにある。「戦い」とは、出来事すなわち世界の事象と、自我の思考が分離した苦境をあらわしている。リアリティと思考の分離、行為と認識の分離、実践と理論の分離といいかえることができるかもしれない。アーレントは、このカフカの寓話を、そうした思考とリアリティが分離した窮状を正確に映しだした作品とみなしたのである。カフカこそは、「世界」との結節点としての「語り」=「身ぶり」の尊厳と、それが「世界」にもたらされるまでの苦境とを、省察し記録した人だったからである。「自我の戦線」を超越して、リアリティに応答する審判者となるとは、本章でわたしが模索してきた意味での《身ぶり》の、その遂行体になることにほかならない。ハイデガー的な思惟の王国よりも「物語りつつ報告する」ラーエルの物語を選んだとき、あるいは理解しがたい衝撃であった全体主義を語ろうとしたとき、アーレントが格闘した問題圏はここにあったのではないだろうか。

「戦い」のなかでは、出来事は耐えがたい継起である。アーレントは、ディネセン論において、そしてまた、『人間の条件』の「活動」の章において、ディネセンの「あらゆる悲しみは、それを物語に変えるか、それについての物語を語ることで、耐えられるものとなる」という言葉を引用した。[43]「戦線の外へ跳び越えた」とき、《身ぶり》としての行為や物語は、それがなければ自動性の流れのなかにからみとられてしまう時間に、まさに中断を要求する。それは、まさにそうしたものとして、耐えがたい継起に裂け目をいれ、判断する力として現われるのである。これによって、「木の葉」の《応答》において、何らかの尊厳が示せるからこそ、「耐えられるものとなる」のである。しかも、「踊りと踊り手を区別できないこと」[44]とアーレントがいうように、その《身ぶり》において「木の葉」は、背後の自己や本質に依拠しない。さらに「木の葉」には、「薪」あるいは残骸としての記憶を担うという、もうひとつの側面があった。アーレントが残した判断力論のひとつの断片は、意外にも、この陳腐な比喩の表層にあったかもしれないのである。

結論に代えて

こうしてわたしは、アーレントの政治的思考のいくつかの現場を見てきた。しかし、念のためにここでさらにひとつのことを確認しておかなければならない。じつは、もし本書が、アーレントが思考している場所を探すものであったとしたならば、わたしの企てはすでに論理的に破綻をきたしているだろう。というのも、アーレント自身が、「思考するときは、わたしはどこにもいない」と断言しているからである。その意味で、本書は、「政治的思考の場所」としてのアーレントの、その「身ぶり」を考察してきたものだといいそえなくてはならない。いいかえれば、アーレントが、すなわちアーレントのテクストそのものが、「政治的思考の場所」であった。それを十分に提示できたかどうかは定かではない。もとより、どれだけ書きつづけても、アーレントの「身ぶり」の総体を求めることなどできないのだから、十分に提示することなど不可能だろう。しかし、少なくとも、本書の主題設定の妥当性が、こうした主題のありようを一試論というかたちであれ、説得的に展開しえたかどうかにかかっていることだけは確かである。

序論でふれた晩年のシンポジウムのなかで、アーレントは、「手すりのない状態で思考すること」(Denken ohne Geländer) という隠喩が、自分のための「とっておき」の表現であることを告白した。[1] それは、本書で見てきたように、伝統の崩壊という事態が政治的思考の前提条件となったという自覚の表明であった。それをアーレントは「アリアドネの糸が失われた」というふうにもいいあらわしている。糸が失われた現代世界の「迷宮」のなかで、彼女がおこなったのはつぎのようなことだった。つまり、「いままで誰も思考したことがないかのように思考を始めること。そして他のどんな人からでも学びはじめるということ」[2] だった。それは、アーレントが一九四〇年代前半に「廃墟から這いだして」、「石ころの山から貴重な」真実を探しもとめはじめたこととも符合しているだろう。

しかし、他方、「手すりのない状態で思考すること」を実行しつづけることは、彼女に多くの犠牲を強いた。「伝統の崩壊について語りながら、それが何を意味するかについてはけっして気づかなかったひとびと」から、「かれらの手すり、つまりかれらの安全な指針をとり去るならば」、という条件文に、アーレントはこう続けている。「もちろんその反応として、──そしてわたしの場合そうであることが非常に多かったのですが──たんに無視されるということがあります。これはわたしには気になりません。が、攻撃されることもときどきあります」と。[3]「無視される」という反応に直面したひとつの例は、一九六〇年のアメリカ政治学会で、自分の政治学的方法を「わたしの古風な物語」とよび、「理論や定義ではなく、測量地図」をその目標としたときであっただろう[4]。そして、「攻撃された」最大の事件は、いうまでもなく「アイヒマン論争」であった。

本書で見てきたように、「政治的思考の場所」はなによりも《あいだ》をつくりだすことに賭ける。それは、第一章で発掘したような「言語空間」であり、第二章で模索したような「対等性」の空間であり、第三章で目撃したような「世界」への結びつきであり、第四章でふれて知ったような「身ぶり」であったりする。それらの「場所」の輪郭を描こうとしながら、一方でわたしの叙述がアーレントの思想のもつ豊かさや深みを削り落としてしまっているのではないか、という不安もあった。しかし、他方でこうも思う。アーレントが、「始まり」を「自然」や「心」から切断するのは、削り落とした「身ぶり」が他のひとびとに共有される可能性を信じたからではないか、と。

一九六四年のインタヴューで、アーレントは「〈公的領域への冒険〉（ヤスパース）は、あなたにとっていかなる意味をもっているか」と問われて、つぎのように答えている。これもまた、「アリアドネの糸」が失われた後のアーレントのひとつの「身ぶり」を示している。少し長いが、これを引用して本書を終えたい。

〈公的領域への冒険〉の意味するところは、わたしにははっきりしています。ひとつの人格をもった存在者として、公的領域の光に自分の身を**さらす**ことです。わたしの持論では、公的領域においては自意識的な現われ方をしたり、自意識的に行為したりすべきではないのですが、そのようなわたしでも、あらゆる行為においてはそのひと固有の人格というものが、他の営みにおいては見られないような仕方で現われるということは心得ています。この場合には、話すことも行為の一形態だといえるでしょう。それが第一点です。第二の冒険は、われわれがなにかを**始める**ということです。関係性の網の目のなかに、われわれが自分自身の糸を紡いでいくということです。それがどのような結果を生むかは、われわれにはけっして分かりません。それゆえに、われわれは皆からこういうように仕向けられているのです。「主よ許したまえ。かれらはその為したることを知らざればなり」と。これはすべての「行為」についてあてはまることです。その理由は単純明快で、それを知ることができないからです。これはひとつの冒険なのです。そしてここで、この冒険は**複数としての**人間を信頼することにおいてのみ可能であると申しあげておきたいと思います。つまり、なかなかそれとしてイメージを結ぶことはむずかしいけれども、根本的な意味であらゆる人間が**人間的な**ものにたいして信頼をいだくことです。そうでなければ冒険は不可能です〔強調は引用者〕(5)。

注

序論

（1）Hannah Arendt, *Elemente und Ursprünge totaler Herrschaft* (ungekürzte Ausgabe, Piper, München/Zürich, 1986, erste deutsche Ausgabe: 1955). 一九五〇年七月一一日付のヤスパースあての手紙で、アーレントは『哲学的論理学』のなかからこの一文を題辞に選んだことを伝えている。「この一文はわたしの心の真ん中を射抜きました」。Cf. Lotte Köhler/Hans Saner (Hg.), *Hannah Arendt/Karl Jaspers Briefwechsel 1926-1969* (Piper, München/Zürich, 1985), S. 189.

（2）Köhler/Saner (Hg.), *op. cit.*, S. 59.

（3）*Ibid.*, S. 67.

（4）Arendt, *op. cit.*, S. 10. ヤスパースは一九五五年の八月半ばから九月初めにかけてこの序文を書いた。ヤスパースがここでもちいた「世界への愛」という言葉は、アーレントが、八月最初のヤスパースあての手紙で当時計画中の政治理論の書を "Amor Mundi" とするつもりだと書いたことに応答していると思われる。Cf. Köhler/Saner, *op. cit.*, S. 299-303.

（5）Elizabeth Young-Bruehl, *Hannah Arendt: For Love of the World* (Yale University Press, New Haven/London, 1982).

（6）Cf. Elizabeth Young-Bruehl, "Hannah Arendt's Storytelling," in: *Mind and the Body Politic* (Routledge, New York/London, 1989).

(7) Cf. Hannah Arendt, "On Hannah Arendt, " Melvin A. Hill (ed.), *Hannah Arendt : The Recovery of the Public World* (St. Martin's Press, New York, 1979), pp. 301-339.

(8) *Essays in Understanding 1930 - 1954* (ed. by Jerome Kohn, Harcourt Brace & Company, New York/San Diego/London, 1994). *Zur Zeit* (herg. von Marie Luise Knott, Rotbuch Verlag, Berlin, 1986). *Nach Auschwitz : Essays & Kommentare 1* (herg. von Eike Geisel/Klaus Bittermann, Tiamat, Berlin, 1989). *Die Krise des Zionismus : Essays & Kommentare 2* (herg. von Eike Geisel/Klaus Bittermann, Tiamat, Berlin, 1989). *Israel, Palästina und der Antisemitismus* (herg. von Eike Geisel/Klaus Bittermann, Verlag Klaus Wagenbach, Berlin, 1991).

(9) Carol Brightman (ed.), *Between Friends : The Correspondence of Hannah Arendt and Mary McCarthy 1949 - 1975* (Harcourt Brace & Company, New York/San Diego/London, 1995).

(10) Ursula Ludz (Hg.), *Hannah Arendt/Maritin Heidegger Briefe 1925 - 1975* (Vittorio Klostermann, Frankfurt am Main, 1998).

(11) Lotte Köhler (Hg.), *Hannah Arendt/Heinrich Blücher Briefe 1936 - 1968* (Piper, München/Zürich, 1996).

(12) Ingeborg Nordmann/Iris Pilling (Hg.), *Hannah Arendt/Kurt Blumenfeld : in keinem Besitz verwurzelt* (Rotbuch Verlag, Hamburg, 1995).

(13) Paul Michael Lutzeler (Hg.), *Hannah Arendt/Hermann Broch Briefwechsel 1946 - 1951* (Jüdischer Verlag, Frankfurt am Main, 1996).

(14) Itta Shedletzky (Hg.), *Gershom Scholem Briefe Band I 1914 - 1947* (C. H. Beck, München, 1994). Thomas Sparr (Hg.), *Gershom Scholem Briefe Band II 1948 - 1970* (C. H. Beck, München, 1995).

(15) Ursula Ludz (Hg.), *Hannah Arendt von Wahrheit und Politik : Reden und Gespräche* (Der Hor Verlag, 1999).

(16) Arendt, *Was ist Politik : Fragmente aus dem Nachlass* (herg. von Ursula Ludz, Piper, München/Zürich, 1993).

(17) Young-Bruehl, *Hannah Arendt : For Love of the World*, cit., p. xvii.

(18) Arendt, *Between Past and Future : Eight Exercises in Political Thought* (Penguin Books, New York, 1968).

(19) *Ibid.*, p. 7.

(20) Alfred Kazin, *New York Jew* (Alfred A. Knopf, New York, 1978). 〔大津栄一郎・筒井正明訳『ニューヨーク

のユダヤ人たちII』岩波書店、一九八七年、一〇五頁〕。

(21) 〔同上書、一〇四頁〕。

(22) Edward W. Said, *Beginnings : Intention and Method* (Basic Books, New York, 1975), p. 363.

(23) Arendt, "Action and the 'Pursuit of Happiness'," in : Alois Dempf/Hannah Arendt/Friedrich Engel-Janosi (ed.), *Politische Ordnung und Menschliche Existenz : Festgabe für Eric Voegelin zum 60. Geburtstag* (C. H. Beck, München, 1962), S. 2.

第一章　亡命知識人アーレント

(1) Gisela Dachs, "Hannah Arendt in Jerusalem," in : *Die Zeit* (19. August 1999).
一九九七年一二月にイェルサレムで、イスラエルではじめてのアーレントについての国際会議が開かれた。
Cf. Steven E. Aschheim (ed.), *Hannah Arendt in Jerusalem* (University of California Press, Berkeley/Los Angels/London, 2001).

(2) Arendt, *Eichmann in Jerusalem : A Report on the Banality of Evil* (The Viking Press, New York, 1963).

(3) "Eichmann in Jerusalem : An Exchange of Letters between Gershom Scholem and Hannah Arendt," in : *Encounter 22* (January 1964), pp. 51-56.

(4) Cf. Rony Brauman/Eyal Sivan, *Éloge de la désobéissance : A propos d'« un spécialiste » Adolf Eichmann* (Éditions Le Pommier, 1999).

(5) Dachs, op. cit.

(6) Dan Diner, "Hannah Arendt Reconsidered : Über das Banale und das Böse in ihrer Holocaust-Erzählung," in : *Babylon : Beiträge zur jüdischen Gegenwart 16-17* (Oktober 1996), Id., "Hannah Arendt : jüdische Selbstverständnis im Schatten der Eichmann-Kontroverse," in : Alte Synagoge (Hg.), *Treue als Zeichen der Wahrheit : Hannah Arendt : Werk und Wirkung ; Dokumentationsband zum Symposium* (Klartext Verlag, Essen, 1997).

(7) Edna Brocke, "'Treue als Zeichen der Wahrheit': Hannah Arendts Weg als Jüdin gezeichnet nach Selbstzeugnissen," in: Alte Synagoge (Hg.), *Hannah Arendt: Lebensgeschichte einer deutschen Jüdin* (Klartext Verlag, Essen, 1995).

(8) Tom Segev, *Ha-milyon hashevil* (Domino Press, 1991). ドイツ語訳を参照した。*Die siebte Milion: Holocaust und Israels Politik der Erinnerung* (Rowohlt, Berlin, 1995).

(9) Arendt, "Our Foreign-Language Groups," in: *The Chicago Jewish Forum 3/1* (Fall 1944).

(10) Id., "Foreign Affairs in the Foreign-Language Press," in: Id., *Essays in Understanding 1930-1954* (ed. by Jerome Kohn, Harcourt Brace, 1994), pp. 81-105.

(11) Judith N. Shklar, "Hannah Arendt as Pariah," in: *Partisan Review 50* (1983), pp. 64-77.

(12) Kazin, *op. cit.* 〔邦訳、一〇一頁〕。

(13) Shklar, op. cit.

(14) Id., "Rethinking the Past," in: *Social Research 44* (1977), pp. 80-90.

(15) Arendt, *Rahel Varnhagen: Lebensgeschichte einer deutschen Jüdin aus der Romantik* (Piper, München, 1959).

(16) Monika Plessner, *Die Argonauten auf Long Island* (Rowohlt, Berlin, 1995), S. 85-98.

(17) Shklar, "Hannah Arendt as Pariah," cit., p. 65.

(18) Arendt, "From the Dreyfus Affair to France Today," in: *Jewish Social Studies 4* (July 942), pp. 195-240.

(19) Young-Bruehl, *op. cit.*, pp. 168-169.

(20) " Es gibt nur ein einziges Menschenrecht," in: *Die Wandlung 4* (1949), S. 754-770.

(21) Shklar, op. cit., p. 75.

(22) Ibid., p. 72.

(23) Lewis A. Coser, *Refugee Scholars in America: Their Impact and Their Experiences* (Yale University Press, London, 1984). 〔荒川幾男訳『亡命知識人とアメリカ――その影響とその経験』岩波書店、一九八八年、二二五頁〕。

(24) Kazin, *op. cit.* 〔邦訳、一一九頁〕。

(25)　〔同上書、五一―五二頁〕。

(26)　Arendt, "We Refugees, " in : *The Menorah Journal 31* (January 1943), pp. 69-77.

(27)　Arendt, op. cit., p. 69.

(28)　Anthony Heilbut, *Exiled in Paradise : German Refugee Artist and Intellectuals in America, from the 1930s to the Present* (The Viking Press, New York, 1983). ただしドイツ語訳を使用した。*Kultur ohne Heimat : deutsche Emigranten in den USA nach 1930* (übersetzt von Jutta Schust, Quadrgia Verlag, 1987), p. 319.

(29)　Arendt, op. cit.

(30)　「パーリアとしてのユダヤ人――隠された伝統」および「フランツ・カフカ」は、一九四四年に英語でそれぞれ『パルティザン・レヴュー』と『ユダヤ社会研究』に発表された。「フランツ・カフカ」はその後四六年に『ヴァンドルング』にドイツ語で発表され、四八年に「隠された伝統」「昨日の世界のユダヤ人」「帝国主義」「組織化された罪」「カール・ヤスパースへの献辞」とともに『六つのエッセイ』というタイトルで『ヴァンドルング』の刊行物としてまとめられた。「隠された伝統」も「フランツ・カフカ」も、四四年の英語版とその後のドイツ語版では表現上のかなりの違いがある。四四年のカフカ論は、当時英語にまだ堪能でなかったアーレントが英訳を依頼したもので（作業は容易ではなかったようである。〔Cf. "On Hannah Arendt, " cit., p. 334〕）、アーレントは四八年の出版の際にドイツ語で書き直している〔Cf. *Ich will verstehen : Selbstauskünfte zu Leben und Werk* (herg. von Ursula Ludz, Piper, München/Zürich, 1996), S. 265〕。したがって、本論では四八年のドイツ語版（七六年のズーアカンプ版『隠された伝統』に再録〔*Die verborgene Tradition : Acht Essays* (Suhrkamp, Frankfurt am Main, 1976)〕）を使用した。

(31)　Arendt, " Die verborgene Tradition, " in : Id., *Die verborgene Tradition*, cit., S. 63.

(32)　Ibid.

(33)　Ibid., S. 71.

(34)　Heilbut, *op. cit.*, p. 315.

(35)　Walter Benjamin,"Über den Begriff der Geschichte," in : Opitz (Hg.), *Walter Benjamin : Ein Lesebuch* (Suhrkamp, Frankfurtam Main, 1996), S. 669-670.

(36) Heilbut, *op. cit.*

(37) Arendt, "Foreign Affairs in the Foreign Language Press, " cit., p. 85.

第二章　「政治」と《あいだ》

(1) Arendt, "Was bleibt ? Es bleibt die Muttersprache, " (Ein Gespräch mit Günter Gaus) in : Adelbert Reif (Hg.), *Gespräche mit Hannah Arendt* (Piper, München, 1976), S. 24.

(2) Cf., Id., "Die wahren Gründe für Theresienstadt, " in : Id., *Nach Auschwitz*, cit., S. 143.

(3) Cf., Id., "This Means You, " in : Id., *op. cit.*, S. 137-172.

(4) Young-Bruehl, *op. cit.*, p. 485.

(5) *Ibid.*, p. 182.

(6) Arendt, "Die wahren Gründe für Theresienstadt, " cit., S. 143-145.

(7) Ibid., S. 145.

(8) Benjamin, "Der Erzähler : Betrachtungen zum Werk Nikolai Lesskows, " in : Opitz (Hg.), *op. cit.*, S. 258-259. Id., "Erfahrung und Armut, " in : Opitz (Hg.), *op. cit.*, S. 618.

(9) Id., "Eine Lehre in sechs Schüssen, " in : Id. *Nach Auschwitz*, cit., S. 163.

(10) Id., "Für Ehre und Ruhm des jüdischen Volkes, " in : Id. *Nach Auschwitz*, S. 146-149.

(11) Id., "Eine Lehre in sechs Schüssen, " cit.

(12) Kazin, *op. cit.* 〔邦訳九八頁〕。

(13) Arendt, *Elemente und Ursprünge totaler Herrschaft*, cit, S. 474.

(14) Brightman, *op. cit.*, p. 131.

(15) Arendt, "The Image of Hell, " in : Id., *Essays and Understanding*, cit., p. 199.

(16) Ibid., p. 198.

(17) Ibid., p. 199.
(18) Ibid., p. 197.
(19) Ibid., p. 200.
(20) Id., "No Longer and Not Yet," in : Id., E*ssays in Understanding*, cit., pp. 158-162.
(21) Young-Bruhel, *op. cit.*, p. 200-201.
(22) Arendt, "A Reply," in : *The Review of Politics 15* (1953), p. 78.
(23) Friedrich Nietzsche, "Von Nutzen und Nachteil der Historie," in : "Unzeitgemäße Betrachtungen," in : Id. *Werke in 3 Bänden Bd. 1* (herg. von Karl Schlechta, Carl Hanser, München, 1966), S. 218.
(24) Arendt, *Elemente und Ursprünge totaler Herrschaft*, cit., S. 676.
(25) Ibid., S. 699.
(26) Ibid., S. 701.
(27) Ibid., S. 702.
(28) Ibid., S. 474-475.
(29) Id., "Ideologie und Terror," *Offener Horizont. Festschrift für Karl Jaspers* (München, 1953), S. 229-254.
(30) Id., *Elemente und Ursprünge totaler Herrschaft*, S. 703.
(31) Ibid., S. 714.
(32) Ibid., S. 728-729.
(33) Ibid., S. 729.
(34) Cf. Préface de Paul Ricœur, in : Arendt, *Condition de l'homme moderne* (Paris, Calman-Lévy, 1961), pp. 5-8.
(35) Arendt, "Public Rights and Private Interests : In Response to Charles Frankel," in : Michael Mooney/Florian Stuber (ed.), *Small Comforts for Hard Times : Humanists on Public Policy* (Columbia University Press, New York, 1977), p. 104.
(36) Id., *The Human Condition* (University of Chicago Press, Chicago/London, 1958), p. 50.
(37) Id., *On Revolution* (Penguin Books, London, 1963), p. 98.

(38) 高橋哲哉『記憶のエチカ——戦争・哲学・アウシュヴィッツ』岩波書店、一九九五年、一一一八頁。

(39) Arendt, "Was ist Politik ? " (Denktagebuch vom August 1950), in : *Was ist Politik*, cit., S. 9-12.

(40) Ibid., S. 9.

(41) Cf. Köhler/Saner, *op. cit.*, S. 202. "Brief an Voegelin vom 8. April. 1951, " in : Hannah Arendt Papers, Box 15, Library of Congress.

(42) Id., *The Origins of Totalitarianism*, cit., p. ix.

(43) *Ibid.*

(44) *Ibid.*, p. viii.

(45) Id., "Was ist Politik ?, " cit., S. 9-10.

(46) Id., *The Human Condition*, cit., p. 28.

(47) *Ibid.*

(48) Id., *Elemente und ursprünge totaler Herrschaft*, cit., S. 715.

(49) *Ibid.*, S. 724.

(50) *Ibid.*, S. 725.

(51) *Ibid.*

(52) Id., "Was ist Politik ?, " cit., S. 10-11.

(53) Ibid., S. 11.

(54) Id., *Elemente und Ursprünge totaler Herrschaft*, cit., S. 454.

(55) *Ibid.*

(56) Id., "Was ist Politik ?, " cit., S. 11-12.

(57) Ibid., S. 12.

(58) " Hat Politik überhaupt noch einen Sinn ? " (Fragment) in : Id. *Was ist Politik*, cit., S. 28.

(59) " Der Sinn von Politik" (Fragment) in : Id., *Was ist Politik*, cit., S. 126.

(60) Id., "Machiavelli : Courses-Berkeley : History of Political Theory, " (Lectures 1955), in : Hannah Arendt Papers,

Box 46, Library of Congress.
(61) Id., "Was ist Politik ?, " cit., S. 12.
(62) Id., *Elemente und Ursprünge totaler Herrschaft*, cit., S. 377.
(63) Id., *Vita activa — oder Vom tätigen Leben* (Piper, München/Zürich, 1967, erste deutsche Ausgabe : 1960), S. 42.
(64) Id., *The Origins of Totalitarianism*, op. cit., p. 54.
(65) *Ibid.*
(66) Id., *The Human Condition*, cit., p. 45.
(67) *Ibid.*, p. 43. Cf. Dante Germino, *Beyond Ideology : The Revival of Political Theory* (Harper & Row Publishers, New York/Evanston/London, 1967), p. 140.
(68) *Ibid.*
(69) Arendt, *On Revolution*, cit., p. 60.
(70) Id., *Über die Revolution* (Piper, München/Zürich, 1974, erste deutsche Ausgabe : 1965), S. 35-36.
(71) Id., "Der Sinn von Politik, " cit., S. 41.
(72) Ibid., S. 40.
(73) Canovan, *op. cit.*
(74) Arendt, *Elemente und Ursprünge totaler Herrschaft*, cit., S. 377.
(75) Id., *The Origins of Totalitarianism*, cit., p. 301.
(76) *Ibid.*, p. 302.
(77) Id., *The Human Condition*, cit., p. 51.

第三章　アイヒマン論争と《始まり》

(1) Monika Plessner, *op. cit.*

(2) Thomas Sparr (Hg.), *op. cit.*, S. 103.
(3) *Ibid.*, S. 104.
(4) *Ibid.*, S. 109.
(5) *Ibid.*, S. 110.
(6) " Eichmann in Jerusalem, " cit., p. 54.
(7) Arendt, "Was bleibt ?, " cit., S. 27.
(8) 酒井直樹「翻訳と主体」『日本思想という問題』岩波書店、一九九七年、参照。
(9) Arendt., *The Human Condition*, cit., p. 176.
(10) Id., "Was bleibt ?, " cit., S. 28.
(11) Id., *On Revolution*, cit, p. 86. Id., *The Human Condition*, cit., p. 52. Id., *Was ist Politik*, cit., S. 11.
(12) Id., *The Human Conditon*, cit., p. 177.
(13) Cf. Id., "Lectures on Machiavelli (1955)" from : Courses-Berkeley ; History of Political Thought, in : Hannah Arendt Papers, Box 46, Library of Congress.
(14) Honig, "Toward an Agonistic Feminism : Hannah Arendt and the Politics of Identity, " in : Id. (ed.), *op. cit.*, p. 149.
(15) Shiraz Dozza, *The Public Realm and the Public Self : The Political Theory of Hannah Arendt* (Wilfrid Laurier University Press, Waterloo/Ontario, 1989), pp. 116-139.
(16) Seyla Benhabib, *op. cit.*, p. 181.
(17) *Ibid.*, pp. 180-181.
(18) Sparr (Hg.), *op. cit.*, S. 109.
(19) Arendt, *On Revolution*, cit., pp. 59-114.
(20) *Ibid.*, p. 88.
(21) Id., *The Human Condition*, cit., p. 248.
(22) Id., *On Revolution*, cit., p. 88.

(23) *Ibid.*, p. 291.
(24) *Ibid.*, pp. 97-98.
(25) Young-Bruehl, *op. cit.*, p. 161.
(26) Arendt, "Jewish History, Revised," in: Id., *The Jew as Pariah* (ed. by Ron H. Feldman, The Grove Press, New York, 1978).
(27) Young-Bruehl, *op. cit.*, pp. 161-162.
(28) Richard Bernstein, *op. cit.*, pp. 58-60.
(29) Arendt, "Jewish History, Revised," cit., pp. 98-99.
(30) Ibid., p. 100.
(31) Itta Shedletzky (Hg.), *op. cit.*, S. 449.
(32) *Ibid.*, S. 293.
(33) *Ibid.*, S. 307.
(34) *Ibid.*, S. 449-450.
(35) Arendt, "Zionism Reconsidered," in: Id., *The Jew as Pariah*, cit.
(36) Ibid., pp. 135-136.
(37) Edna Brocke, *op. cit.*, S. 60-61.
(38) Shedletzky (Hg.), *op. cit.*, S. 309-314.
(39) *Ibid.*, S. 314.
(40) *Ibid.*, S. 453-454.
(41) Arendt, "Franz Kafka: A Re-evaluation," in: *Partisan Review 11/4* (Fall 1944), pp. 412-422. Id., "The Jew as Pariah: A Hidden Tradition," in: *Jewish Social Studies 6/2* (April 1944), pp. 36-73. この点にかんしては，第1章の注(30)を参照のこと。
(42) Id., "Franz Kafka," in: Id., *Die verborgene Tradition*, cit., S. 96-97.
(43) Id., "Die verborgene Tradition," *op. cit.*, S. 71.

(44) Id., *Was ist Politik*, cit., S. 11.
(45) Id., "Organized Guilt and Universal Responsibility, " in : Id., *The Jew as Pariah*, cit., pp. 225-236.
(46) Ibid., pp. 235-236.
(47) Brightman (ed.), *op. cit.*, p. 168.

第四章 「木の葉」の《身ぶり》

(1) Arendt, *Was ist Existenzphilosophie ?* (Anton Hain, Frankfurt am Main, 1990), S. 19-20.
(2) Brightman (ed.), *op. cit.*, p. 294.
(3) Arendt, "Isak Dinesen 1885-1963, " in : Id., *Men in Dark Times* (Harcourt Brace Jovanovich, San Diego/New York/London, 1968), p. 96.
(4) Brightman (ed.), *op. cit.*, p. 295.
(5) Arendt, *Rahel Varnhagen*, cit., S. 10.
(6) Köhler/Saner (Hg.), *op. cit.*, S. 47-48.
(7) Leibovici, *op. cit.*, pp. 94-95.
(8) Köhler/Saner (Hg.), *op. cit.*
(9) Martin Heidegger, *Sein und Zeit* (10., unveränderte Aufl., Max Niemeyer, Tübingen, 1963), S. 39.
(10) Paul Ricœur, *Temp et récit III. Le Temp raconté* (Seuil, Paris, 1985), p. 355.
(11) Brightman (ed.), *op. cit.*
(12) Arendt, *Between Past and Future*, cit., p. 137.
(13) Id., *The Life of the Mind* [*One/Thinking, Two/Willing*] (one-volume edition : Harcourt Brace Jovanovich, San Diego/New York/London, 1981).
(14) Arendt, *Lectures on Kant's Political Philosophy* (edited and with an interpretive essay by Ronald Beiner,

University of Chicago Press, Chicago, 1982). アーレントは、『ラーエル・ファルンハーゲン』のなかで、フリードリッヒ・ゲンツがこの一文をかれの「政治的信条」の結びとしたこと、それが特定の信念や主義によるものではないことを書きとめている。Id., *Rahel Varnhagen*, cit., S. 86. 大島かおり訳『ラーエル・ファルンハーゲン』（みすず書房、一九九九年）八九頁の訳注も参照していただきたい。

(15) Johann Wolfgang Goethe, *Faust* (Goethes Sämtliche Werke herg. von Albrecht Schöne, Deutscher Klassiker Verlag, Frankfurt am Main, 1994), S. 440.

(16) Ibid., [*Two/ Willing*], p. 243.

(17) Ibid., [*One/ Thinking*], p. 3.

(18) Melvin A. Hill (ed.), *op. cit.*, p. 303.

(19) Arendt, *Was ist Politik*, cit., S. 9-10.

(20) Id., *Between Past and Future*, cit., p. 146.

(21) Id., *Essays in Understanding*, cit., p. 328.

(22) Id., *Between Past and Future*, cit., p. 148.

(23) *Ibid.*, pp. 157-158.

(24) *Ibid.*

(25) *Ibid.*, pp. 164-165.

(26) *Ibid.*, pp. 162-163.

(27) Id., *The Life of the Mind*, [*Two/ Willing*], cit., pp. 195-196.

(28) Brightman (ed.), *op. cit.*

(29) Walter Benjamin, "Über den Begriff der Geschichte," cit., S. 669-670.

(30) Benhabib, "Hannah Arendt und die erlösende Kraft des Erzählens," cit., S. 150-174.

(31) Arendt, *The Origins of Totalitarianism*, cit., p. xiv.

(32) Arendt, "A Reply," in: *The Review of Politics 15* (1953), p. 78.

(33) Young-Bruehl, *op. cit.*, pp. 160-162.

(34) Arendt, *Elemente und Ursprünge totaler Herrschaft*, cit., S. 247.
(35) Id., *Between Past and Future*, cit., pp. 60-62.
(36) *Ibid.*, p. 85.
(37) Arendt, *The Life of the Mind*, [*Two/ Willing*], cit., pp. 39-40.
(38) Ibid., [*One/ Thinking*], cit., p. 216.
(39) Franz Kafka, *Tagebücher*, (Gesammelte Werke herg. von Max Brod, ungekürzte Ausgabe, Fischer, Frankfurt am Main, 1983), S. 18.
(40) Arendt, *Between Past and Future*, cit., p. 7.: Id., *The Life of the Mind* [*One/ Thinking*], cit., pp. 202. アーレントは、一九六七年九月二四日付のハイデガーあての書簡にこの寓話を添えて出している。Cf. Ursula Ludz (Hg.), *Hannah Arendt/ Martin Heidegger Briefe 1925-1975* (Vittorio Klostermann, Frankfurt am Main, 1998), S. 159-163.
(41) Kafka, *Beschreibung Eines Kampfes* (Fischer, Frankfurt am Main, 1983), S. 222.
(42) Arendt, *Between Past and Future*, cit.
(43) Id., *Men in Dark Times*, cit., p. 104.
(44) Ibid., pp. 104-105.

結論に代えて

(1) Arendt, "On Hannah Arendt," cit., p. 336.
(2) Ibid., p. 337.
(3) Ibid., p. 336.
(4) Arendt, "Action and the Pursuit of Happiness," cit. この論考は一九六〇年にアメリカ政治学会で報告されてから、六二年のフェーゲリンの還暦記念論文集に所収された。
(5) Arendt, "Was bleibt?," cit., S. 34.

参考文献一覧

一次資料

アーレントの著作で、英語版とドイツ語版の両方があるものについては、本論にかんして参照した版のみをあげた。英語版とドイツ語版では加筆・変更などによる表現上の差異は少なくない。英語版とドイツ語版の対照関係については、*Ich will verstehen* (herg. von Ursula Ludz, Piper, München, 1996) に詳しい一覧表が付記されている。また、Elizabeth Young-Bruehl, *Hannah Arendt : For Love of the World* (Yale University Press, New Haven, 1982) の著作目録も、アーレントの雑誌論文と死後編集されたものの対応関係を調べるさいに、参考になった。「2 論文」には、参照した論文のなかで著書として編集されていないものを挙げている。なお、邦訳があるものにかんしては、適宜使用させていただいた。先達への感謝を記しておきたい。

1 著書

Der Liebesbegriff bei Augustin (Springer Verlag, Berlin, 1929). 〔千葉眞訳『アウグスティヌスの愛の概念』みすず書房、二〇〇二年〕。

The Origins of Totalitarianism (new edition with added prefaces, Harcourt Brace Jovanovich, San Diego/New York/London, 1968, first edition : 1951).

Elemente und Ursprünge totaler Herrschaft (ungekürzte Ausgabe, Piper, München/Zürich, 1986, erste deutsche Ausgabe : 1955). 〔大久保和郎・大島通義・大島かおり訳『全体主義の起原1・2・3』みすず書房、一九七二―一九七四年〕。

The Human Condition（The University of Chicago Press, Chicago/London, 1958）．〔志水速雄訳『人間の条件』中央公論社、一九七三年／筑摩書房、一九九四年〕。

Vita Aktiva oder Vom tätigen Leben（Piper, München/Zürich, 1981, erste deutsche Ausgabe: 1960）．

Rahel Varnhagen: Lebensgeschichte einer deutschen Jüdin aus der Romantik（Piper, München, 1981, erste deutsche Ausgabe: 1959）．〔大島かおり訳『ラーエル・ファルンハーゲン——ドイツ・ロマン派のあるユダヤ女性の伝記』みすず書房、一九九九年〕。

Between Past and Future: Eight Exercises in Political Thought（Penguin Books, New York, 1968, first edition: 1961）．〔引田隆也・斎藤純一訳『過去と未来の間』みすず書房、一九九四年〕。

On Revolution（Penguin Books, London, 1963）．〔志水速雄訳『革命について』中央公論社、一九七三年／筑摩書房、一九九五年〕。

Über die Revolution（Piper, München/Zürich, 1974, erste deutsche Ausgabe: 1963）．

Eichmann in Jerusalem: A Report on the Banality of Evil（The Viking Press, New York, 1963）．〔大久保和郎訳『イェルサレムのアイヒマン』みすず書房、一九六九年〕。

Men in Dark Times（Harcourt Brace Jovanovich, New York/London, 1968）．〔阿部斉訳『暗い時代の人びと』河出書房新社、一九七二年〕。

Crises of the Republic（Harcourt Brace Jovanovich, San Diego/New York/London, 1969）．〔山田正行訳『暴力について』みすず書房、二〇〇〇年〕。

The Life of the Mind（one-volume edition, Harcourt Brace Jovanovich, 1978）．〔佐藤和夫訳『精神の生活』上・下、岩波書店、一九九四年〕。

Lectures on Kant's Political Philosophy（ed. by Ronald Beiner, University of Chicago Press, Chicago, 1982）．〔浜田義文監訳『カント政治哲学の講義』法政大学出版局、一九八七年〕。

Die verborgene Tradition: Acht Essays（Suhrkamp, Frankfurt am Main, 1976）．

The Jew as Pariah: Jewish Identity and Politics in the Modern Age（ed. by Ron H. Feldman, The Grove Press, New York, 1978）．〔本書に所収されている論稿のいくつかは、寺島俊穂・藤原隆裕宣訳『パーリアとしてのユダヤ人』

（未來社、一九八九年）に所収されている〕。
Zur Zeit（herg. von Marie Luise Knott, Rotbuch Verlag, Berlin, 1986）.
Nach Auschwitz : Essays & Kommentare 1（herg. von Eike Geisel/Klaus Bittermann, Tiamat, Berlin, 1989）.
Die Krise des Zionismus : Essays & Kommentare 2（herg. von Eike Geisel/Klaus Bittermann, Tiamat, Berlin, 1989）.
Israel, Palästina und der Antisemitismus（herg. von Eike Geisel/Klaus Bittermann, Verlag Klaus Wagenbach, Berlin, 1991）.
Was ist Politik : Fragmente aus dem Nachlass（herg. von Ursula Ludz, Piper, München/Zürich, 1993）.
Essays in Understanding 1930-1954（ed. by Jerome Kohn, Harcourt Brace & Company, New York/San Diego/London, 1994）.

2 論 文

"Es gibt nur ein einziges Menschenrecht, " in : *Die Wandlung 4*（1949）, 754-770.
"Philosophy and Politics"（lecture from 1954）, in : *Social Research 57/1*（Spring 1990）, 73-103.〔千葉眞訳「哲学と政治」、『現代思想』一九九七年七月号、所収〕。
"Action and the 'Pursuit of Happiness'," in : Alois Dempf/Hannah Arendt/Friedrich Engel-Janosi（ed.）, *Politische Ordnung und Menschliche Existenz : Festgabe für Eric Voegelin zum 60. Geburtstag*（C. H. Beck, München, 1962）, 1-16.
"Collective Responsibility"（contibution to symposium, 1968）, in : J. W. Bernauer（ed.）, *Amor Mundi : Explorations in the Faith and Thought of Hannah Arendt*（Martinus Nijhoff, Boston/London/Lancaster, 1987）, 43-50.〔大川正彦訳「集団の責任」、『現代思想』前掲号、所収〕。
"A Reply to Critics, " in : *Dissent 6/1*（Winter 1959）, 45-56.
"Public Rights and Private Interests, " in : M. Mooney/F. Stuber（ed.）, *Small Comforts for Hard Times : Humanists on Public Policy*（Columbia University Press, New York, 1977）, 103-108.

3 書簡・インタヴュー

Hannah Arendt/Karl Jaspers Briefwechsel 1926–1969 (herg. von Lotte Köhler/Hans Saner, Piper, München/Zürich, 1985).

Between Friends: The Correspondence of Hannah Arendt and Mary McCarthy 1949–1975 (ed. by Carol Brightman, Harcourt Brace & Company, New York/San Diego/London, 1995).〔佐藤佐智子訳『アーレント＝マッカーシー往復書簡』法政大学出版局、一九九九年〕。

Hannah Arendt/Kurt Blumenfeld: in keinem Besitz verwurzelt (herg. von Ingeborg Nordmann/Iris Pilling, Rotbuch Verlag, Hamburg, 1995).

Hannah Arendt/Heinrich Blücher Briefe 1936–1968 (herg. von Lotte Köhler, Piper, München/Zürich, 1996).

Hannah Arendt/Hermann Broch Briefwechsel 1946–1951 (herg. von Paul Michael Lützeler, Jüdischer Verlag, Frankfurt am Main, 1996).

Hannah Arendt/Martin Heidegger Briefe 1925–1975 (herg. von Ursula Ludz, Vittorio Klostermann, Frankfurt am Main, 1998).

"'Eichmann in Jerusalem': An exchange of letters between Gershom Scholem and Hannah Arendt," in: *Encounter 22* (January 1964), pp. 51-56.〔拙訳「イェルサレムのアイヒマン――ゲルショーム・ショーレム／ハンナ・アーレント往復書簡」、『現代思想』前掲号、所収〕。

"Briefe an Gershom Scholem," in: Itta Shedletzky (Hg.), *Gershom Scholem Briefe Band I 1914–1947* (C. H. Beck, München, 1994). Thomas Sparr (Hg.), *Gershom Scholem Briefe Band II 1948–1970* (C. H. Beck, München, 1995).

"Was bleibt? Es bleibt die Muttersprache," in: Günter Gaus, *Zur Person: Porträts in Frage und Antwort* (Deutscher Taschenbuch Verlag, München, 1965), 11-30.〔拙訳「何が残ったか？　母語が残った」、『思想』一九九五年八月号、所収〕。

Adelbert Reif (Hg.), *Gespräche mit Hannah Arendt* (Piper, München, 1976).

"On Hannah Arendt," in: Melvin A. Hill (ed.), *Hannah Arendt: The Recovery of the Public World* (St. Martin's Press,

New York, 1979).

4 未公刊資料

"Brief an Eric Voegelin vom 8. April 1951," in: Hannah Arendt Papers, Box 15, Library of Congress.
"Lectures on Machiavelli (1955)" from: Courses-Berkeley; History of Political Thought, in: Hannah Arendt Papers, Box 46, Library of Congress.
"Sonning Prize Speech" (1975), in: Hannah Arendt Papers, Box 70, Library of Congress.

二次資料

Alte Synagoge (Hg.), *Hannah Arendt: Lebensgeschichte einer deutschen Jüdin* (Klartext Verlag, Essen, 1995).
Alte Synagoge (Hg.), *Treue als Zeichen der Wahrheit: Hannah Arendt: Werk und Wirkung* (Klartext Verlag, Essen, 1997).
Aschheim, Steven E. (ed.) *Hannah Arendt in Jerusalem* (University of California Press, Berkeley/Los Angels/London, 2001).
Barley, Delbert, "Hannah Arendt: die Judenfrage," in: *Zeitschrift für Politik 35/2* (1988), 113-129.
Barnouw, Dagmer, *Visible Spaces: Hannah Arendt and the German-Jewish Experience* (Johns Hopkins University Press, Baltimore, 1990).
Beiner, Ronald, *Political Judgement* (University of Chicago Press, Chicago, 1983).〔浜田義文監訳『政治的判断力』法政大学出版局、一九八八年〕。
Bell, Daniel, *The Winding Passage: Essays and Sociological Journeys, 1960-1980* (Abt Books, Cambridge, 1980).
Benhabib, Seyla, *The reluctant modernism of Hannah Arendt* (Sage, Thousand Oaks/London/New Delhi, 1996).〔本書の第一章の邦訳として、大島かおり訳「パーリアとその影——ハンナ・アーレントのラーエル・ファルンハー

ゲン伝記」、『みすず』四六六―四六七号、所収〕。

Benhabib, Seyla, "Hannah Arendt und die erlösende Kraft des Erzählens," in: Dan Diner (Hg.), *Zivilisationsbruch: Denken nach Auschwitz* (Fischer, Frankfurt am Main, 1988).

Benjamin, Walter, *Walter Benjamin: Ein Lesebuch* (herg. von Michael Optiz, Suhrkamp, Frankfurt am Main, 1996).

Bernauer, James (ed.), *Amor Mundi: Explorations in the Faith and Thought of Hannah Arendt* (Martin Nijhoff, Boston/Dortrecht/Lancaster, 1987).

Bernstein, Richard J., *Hannah Arendt and the Jewish Question* (The MIT Press, Cambridge/Massachusetts, 1996).

Botstein, Leon, "Liberating the Pariah: Politics, the Jews, and Hannah Arendt," in: *Salmagundi 60* (Spring-Summer 1983), 73-106.

Bowen-Moore, Patricia, *Hannah Arendt's Philosophy of Natality* (St. Martin's Press, New York, 1989).

Brauman, Rony/Sivan, Eyal, *Éloge de la désobéissance: A propos d' « un spécialiste » Adolf Eichmann* (Éditions Le Pommier, 1999). 〔高橋哲哉／堀潤之訳『不服従を讃えて』、産業図書、二〇〇〇年〕。

Breier, Karl-Heinz, *Hannah Arendt zur Einführung* (Junius, Hamburg, 1992).

Brunkhorst, Hauke, *Hannah Arendt* (Verlag C. H. Beck, München, 1999).

Burmeister, Hans-Peter/Hüttig Christoph (Hg.), *Die Welt des Politischen: Hannah Arendts Anstöße zur gegenwärtigen politischen Theorie, Zum 20. Todestag von Hannah Arendt* (Loccumer Protokolle 60/95, Evangelische Akademie Loccum, 1996).

Canovan, Margaret, *Hannah Arendt: A Reinterpretation of Her Political Thought* (Cambridge University Press, Cambridge, 1992).

Calhoun, Craig/McGowan, John (ed.), *Hannah Arendt and the Meaning of Politics* (University of Minnesota Press, Minneapolis/London, 1997).

Chiba, Shin, "Hannah Arendt on Love and the Political," in: *The Review of Politics 57/3* (Summer 1995), 505-535.

千葉眞『アーレントと現代――自由の政治とその展望』岩波書店、一九九六年。

Coser, Lewis A., *Refugee Scholars in America: Their Impact and Their Experiences* (Yale University Press, London,

1984). 〔荒川幾男訳『亡命知識人とアメリカ――その影響とその経験』岩波書店、一九八八年〕。

Crick, Bernard, "On Rereading 'The Origins of Totalitarianism'," in: *Social Research 44* (1977), 107-126.

Dachs, Gisela, "Hannah Arendt in Jerusalem," in: *Die Zeit* (19. August 1999).

Diner, Dan, "Hannah Arendt Reconsidered: Über das Banale und das Böse in ihrer Holocaust-Erzählung," in: *Babylon: Beiträge zur jüdischen Gegenwart 16-17* (Oktober 1996), 94-107.

Disch, Lisa J., *Hannah Arendt and the Limits of Philosophy* (Cornell University Press, Ithaca/London, 1994).

Disch, Lisa J., "More Truth than Fact: Storytelling as Critical Understanding in the Writings of Hannah Arendt," in: *Political Theory 21* (1990), 84-110.

Dozza, Shiraz, *The Public Realm and the Public Self: The Political Theory of Hannah Arendt* (Wilfrid Laurier University Press, Waterloo/Ontario, 1989).

Ettinger, Elzbita, *Hannah Arendt/Martin Heidegger* (Yale University Press, New Haven/London, 1995). 〔大島かおり訳『アーレントとハイデガー』みすず書房、一九九六年〕。

Esposito, Roberto (ed.), *La Pluralità Irrappresentabile: Il pensiero politico di Hannah Arendt* (Urbino, Napoli, 1987).

Flores d'Arcais, Paolo, *Libertärer Existentialismus: Zur Aktualität der Theorie von Hannah Arendt* (Verlag Neue Kritik, Frankfurt am Main, 1993).

Friedrich, Georg, *Hannah Arendt: Eine deutsche Jüdin im Zeitalter des Totalitarismus* (Piper, München/Zürich, 1985).

Germino, Dante, *Beyond Ideology: The Revival of Political Theory* (Harper & Row Publishers, New York/Evanston/London, 1967).

Grunenberg, Antonia/Probst, Lothar, *Einschnitte: Hannah Arendts politisches Denken heute* (Edition Temmen, Bremen, 1995).

Habermas, Jürgen, *Theorie und Praxis: Sozialphilosophische Studien* (Suhrkamp, Frankfurt am Main, 1978).

Hansen, Phillip, *Hannah Arendt: Politics, History, and Citizenship* (Polity Press, Cambridge, 1993).

Heidegger, Martin, *Sein und Zeit* (10., unveränderte Auflage, Max Niemeyer Verlag, Tübingen, 1963).

Heilbut, Anthony, *Exiled in Paradise: German Refugee Artist and Intelllectuals in America, from the 1930s to the Present*

(The Viking Press, New York, 1983). ただしドイツ語訳を使用した。*Kultur ohne Heimat : deutsche Emigranten in den USA nach 1930* (übersetzt von Jutta Schust, Quadrgia Verlag, 1987), p. 319.

Heuer, Wolfgang, *Hannah Arendt* (Rowohlt, Hamburg, 1986).

Heuer, Wolfgang, *Citizen : Persönliche Integrität und politisches Handeln : Eine Rekonstruktion des politischen Humanismus Hannah Arendts* (Akademie Verlag, Berlin, 1992).

Hill, Melvyn A. (ed.), *Hannah Arendt : the Recovery of the Public World* (St. Martin's Press, New York, 1979).

Hinchman, Lewis P. /Hinchman, Sandra K., *Hannah Arendt : Critical Essays* (State University of New York Press, Albany, 1994).

Hughs, H. Stuart, *The Sea Change : The Migration of Social Thought 1930 -1965* (Harper and Row, New York, 1975). 〔荒川幾男・生松敬三訳『大変貌――社会思想の大移動　一九三〇―一九六五』みすず書房、一九七八年〕。

Honig, Bonnie (ed.), *Feminist Interpretations of Hannah Arendt* (The Pennsylvania State University Press, Pennsylvania, 1995). 〔部分訳、岡野八代・志水紀代子訳『ハンナ・アーレントとフェミニズム――フェミニストはアーレントをどう理解したか』未來社、二〇〇一年〕。

Honig, Bonnie, "Declarations of Independence : Arendt and Derrida on the Problem of Founding a Republic, " in : *American Political Science Review 85* (1991), 97-113.

Honig, Bonnie, "Arendt, Identity, and Difference, " in : *Political Theory 16* (1988), 77-98.

市村弘正『敗北の二十世紀』世織書房、一九九八年。

伊藤洋典『ハンナ・アレントと国民国家の世紀』(木鐸社、二〇〇一年)。

Jay, Martin, *Permanent Exiles : Essays on the Intellectual Migration from Germany to America* (Columbia University Press, New York, 1986). 〔今村仁司・藤沢賢一郎・竹村喜一郎・笹田直人訳『永遠の亡命者たち――知識人の移住と思想の運命』新曜社、一九八九年〕。

Jonas, Hans, "Hannah Arendt 1906-1975, " in : *Social Research 43* (1976), 3-5.

Kafka, Franz, *Gesammelte Werke* (herg. von Max Brod, ungekürzte Ausgabe, Fischer, Frankfurt am Main, 1983).

Kaplan, T. Gisela/Kessler, Clive S. (ed.), *Hannah Arendt : Thinking, Judging, Freedom* (Allen & Unwin,

Sydney/Wellington/London/Boston, 1989).

Kateb, George, *Hannah Arendt : Politics, Conscience, Evil* (Rowman & Allanheld, New Jersey, 1984).

川崎修『アレント――公共性の復権』講談社、一九九八年。

Kazin, Alfred, *New York Jew* (Alfred A. Knopf, New York, 1978).〔大津栄一郎・筒井正明訳『ニューヨークのユダヤ人たちII』岩波書店、一九八七年〕。

Kielmansegg, Peter G. /Mewes, Horst/Glaser-Schmidt, Elizabeth (ed.), *Hannah Arendt and Leo Strauss : German Émigrés and American Political Thought after World War II* (Cambridge University Press, Cambridge/New York/Melbourne, 1995).

Kohn, Jerome, "Thinking/Acting," in : *Social Research 57* (1990), 105-134.

Krummacher, F. A. (Hg.), *Die Kontroverse : Hannah Arendt, Eichmann und die Juden* (Nymphenburger Verlags-handlung, München, 1964).

Leibovici, Martine, *Hannah Arendt : Une Juive* (Desclée de Brouwer, Paris, 1998).

May, Karry/Kohn, Jerome, *Hannah Arendt : Twenty Years Later* (The MIT Press, Cambridge/Massachusetts, London, 1996).

McCarthy, Mary, "Saying Good-by to Hannah," in : *New York Review of Books* (22 January 1976), 8-11.

Morgenthau, Hans, "Hannah Arendt 1906-1975," in : *Political Theory 4* (1976).

Moruzzi, Norma Claire, *Speaking through the Mask :Hannah Arendt and the Politics of Social Identity* (Cornell University Press, Ithaca/London, 2000).

Neumann, Bernd, *Hannah Arendt und Heinrich Blücher* (Rowohlt, Berlin, 1998).

Nordmann, Ingeborg, *Hannah Arendt* (Campus Verlag, Frankfurt am Main/New York, 1994).

Nietzsche, Friedrich, *Werke in 3 Bänden. Erster Band* (Carl Hanser, München, 1966).

岡野八代「暴力・言葉・世界について」、『現代思想』二〇〇〇年二月号、所収。

岡野八代「人間の条件と物語論の接点――アーレントのアウグスティヌス理解を中心に」『立命館法学』第二七四号(二〇〇〇年第六号)。

Passerin d'Entrèves, Maurizio, *The Political Philosophy of Hannah Arendt* (Routledge, London/New York, 1994).

Parekh, Bihikhu, *Hannah Arendt and the Search for a New Political Philosophy* (Humanities Press, Atlantic Highlands, 1981).

Pilling, Iris, *Denken und Handeln als Jüdin: Hannah Arendts politische Theorie vor 1950* (Peter Lang, Frankfurt am Main/Berlin/Bern/New York/Paris/Wien, 1996).

Plessner, Monika, *Die Argonauten auf Long Island* (Rowohlt, Berlin, 1995).

Ricœur, Paul, "Action, Story and History," in: *Salmagundi 60* (Spring-Summer 1983), 60-72.

Ricœur, Paul, *Temps et récit III. Le Temps raconté* (Paris, Seuil, 1985).〔久米博訳『時間と物語Ⅲ　物語られる時間』新曜社、一九九〇年〕。

Ring, Jennifer, *The Political Consequences of Thinking: Gender and Judaism in the Work of Hannah Arendt* (State University of New York Press, Albany, 1997).

Roviello, Anne-Marie, *Sens Commun et Modernité chez Hannah Arendt* (Ousia, Bruxelles, 1987).

Said, Edward W., *Beginnings: Intention and Method* (Basic Books, New York, 1975).〔山形和美・小林明夫訳『始まりの現象――意図と方法』法政大学出版局、一九九二年〕。

斎藤純一「表象の政治／現れの政治」、『現代思想』一九九七年七月号、所収。

酒井直樹『日本思想という問題』岩波書店、一九九七年。

Scholem, Gershom, *Von Berlin nach Jerusalem: Jugenderinnerungen* (Suhrkamp, Frankfurt am Main, 1977).〔岡部仁訳『ベルリンからエルサレムへ――青春の思い出』法政大学出版局、一九九一年〕。

Scholem, Gershom (Hg.), *Walter Benjamin/Gershom Scholem Briefwechsel 1933-1940* (Suhrkamp, Frankfurt am Main, 1980).〔山本尤訳『ベンヤミン＝ショーレム往復書簡』法政大学出版局、一九九〇年〕。

Segev, Tom, *Ha-milyon hashevil* (Domino Press, 1991). ドイツ語訳を使用した。*Die siebte Milion: Holocaust und Israels Politik der Erinnerung* (Rowohlt, Berlin, 1995).

Shklar, Judith N., "Rethinking the Past," in: *Social Research 44* (1977), 80-90.

Shklar, Judith N., "Hannah Arendt as Pariah," in: *Partisan Review 50* (1983), 64-77.

高橋哲哉『記憶のエチカ』岩波書店、一九九五年。
寺島俊穂『生と思想の政治学』芦書房、一九九〇年。
Villa, Dana R., *Arendt and Heidegger: The Fate of Political* (Princeton University Press, Princeton/New Jersey, 1996).
Voegelin, Eric, "The Origins of Totalitarianism," in: *Review of Politics 15/1* (1953), 68-76.
Vollrath, Ernst, "Hannah Arendt and the Method of Political Thinking," in: *Social Research 44/1* (1977), 160-182.
Young-Bruehl, Elizabeth, *Hannah Arendt: For Love of the World* (Yale University Press, New Haven/London, 1982).
〔荒川幾男・原一子・宮内寿子訳『ハンナ・アーレント伝』晶文社、一九九九年〕。
Young-Bruehl, Elizabeth, *Mind and the Body Politic* (Routledge, New York/London, 1989).

あとがき

本書は、二〇〇一年三月に東京外国語大学に提出した同タイトルの博士学位請求論文『ハンナ・アーレント、あるいは政治的思考の場所』に加筆・削除・訂正をおこなったものである。ただし、博士論文は以下の既発表論文を土台としている。

(一)「何が人びとを対等にするのか——ハンナ・アーレントの《政治》」『言語・地域文化研究』第二号（東京外国語大学大学院、一九九六年）

(二)「「政治的思考」の《始まり》をめぐって」『現代思想』一九九七年七月号（青土社、一九九七年）

(三)「もうひとつの物語論、あるいはハンナ・アーレントの「身ぶり」について」『国際交流研究』国際交流学部紀要第二号（フェリス女学院大学、二〇〇〇年）

(四)「アーレントと「アメリカ」の戦後」『情況』二〇〇〇年五月号（情況出版、二〇〇〇年）

博士論文審査の主査には、修士課程以来の指導教官である上村忠男先生があたってくださった。長い時間をかけて、いつのまにか自分の研究にとって大事なことがらのかなりの部分を先生に教わってきたと気づいたのは、つい最近のことである。それほど自由に育てていただいた。ありがとうございました。

博士論文審査の副査は、東京外国語大学の増谷英樹先生、中野敏男先生、西谷修先生、横浜国立大学の齋藤純一先生が引き受けてくださった。いただいた重要なご批判、ご助言を活かすことは、本書のなかでは果たせなかったが、今後の思索のなかで何度もそこに立ち帰りたい。ありがとうございました。また、ひとりひとりお名前を挙げることは省かせていただくが、これまで見守ってくださった先生方、かけがえのない友人たち、貴重なコメントと励ましをいただいた数多くのみなさまに、この場を借りて心から感謝の意をあらわしたい。ありがとうございました。

本書で引用した外国語文献はできるかぎり自分であらためて訳出したが、それが可能になったのも、多くの既訳のおかげである。道を切り開いてきてくださった方々に、深く御礼申し上げます。

もう一五年ほど前になるだろうか。留学先の街で、当時ドイツ語訳が出たばかりのエリザベス・ヤング＝ブルーエルの伝記を手に入れて、ただ夢中で読んだ。それから半年ばかり後、今度は古文書館で、まだ未公刊だったアーレントの書簡に直接ふれることができた。そのときも夢中だった。

けれども、アーレントを研究テーマとして選ぶ勇気はなかった。それが、それから後のいくつかの出会いによって少しずつ何かが始まり、自分がアーレントのテクストから感じとったことを書きとめ、それを仲間に読んでもらう機会を与えられた。だからこの本はわたしだけの仕事ではない。

しかし、今はなによりも、本書をつうじてアーレントの言葉に直接ふれたいと思う方がひとりでも出てきてくださったら、それが一番うれしい。

矢野久美子

二〇〇二年一月一六日

著者略歴

（やの・くみこ）

1964年生まれ．東京外国語大学大学院地域文化研究科博士後期課程修了．現在　フェリス女学院大学教授．著書『ハンナ・アーレント——「戦争の世紀」を生きた政治哲学者』（中公新書），訳書『アーレント政治思想集成』全2巻（共訳，みすず書房），アーレント『反ユダヤ主義——ユダヤ論集1』『アイヒマン論争——ユダヤ論集2』（共訳，みすず書房），ヤング=ブルーエル『なぜアーレントが重要なのか』（みすず書房）『ハンナ・アーレント——〈世界への愛〉の物語』（共訳，みすず書房）他．

矢野久美子
ハンナ・アーレント、
あるいは政治的思考の場所

2002年2月20日　初　版第1刷発行
2023年5月18日　新装版第1刷発行

発行所 株式会社 みすず書房
〒113-0033 東京都文京区本郷2丁目20-7
電話 03-3814-0131(営業) 03-3815-9181(編集)
www.msz.co.jp

本文印刷所 三陽社
扉・表紙・カバー印刷所 リヒトプランニング
製本所 松岳社

ISBN 978-4-622-09625-2
[ハンナアーレントあるいはせいじてきしこうのばしょ]
落丁・乱丁本はお取替えいたします